第二批农业生产"三品一标"典型案例

农业农村部发展规划司
农业农村部规划设计研究院 编

中国农业出版社
北京

图书在版编目（CIP）数据

第二批农业生产"三品一标"典型案例 / 农业农村部发展规划司，农业农村部规划设计研究院编. -- 北京：中国农业出版社，2024.11. -- ISBN 978-7-109-32522-7

Ⅰ. F325

中国国家版本馆CIP数据核字第2024GV5140号

中国农业出版社出版

地址：北京市朝阳区麦子店街18号楼

邮编：100125

责任编辑：刁乾超　任红伟

版式设计：王　怡　　责任校对：吴丽婷　　责任印制：王　宏

印刷：北京印刷集团有限责任公司

版次：2024年11月第1版

印次：2024年11月北京第1次印刷

发行：新华书店北京发行所

开本：787mm×1092mm　1/16

印张：11.75

字数：200千字

定价：88.00元

编辑委员会

主　　编：陈邦勋　张　辉

副 主 编：王晋臣　沈玉君　　闫　冰

　　　　　陈世雄　欧阳儒彬　丁京涛

参　　编：周海宾　宫　婷　宋立秋　马艳茹

　　　　　李海明　余文梦　齐　岳　孙博珣

　　　　　丁巧生　贾　阳

推进农业品种培优、品质提升、品牌打造和标准化生产（以下简称农业生产"三品一标"）是党中央、国务院作出的重大部署，也是推进农业绿色发展的重要抓手。近年来，各级农业农村部门认真贯彻落实党中央、国务院决策部署，健全工作机制，创新思路打法，强化政策扶持，深入实施农业生产"三品一标"提升行动，取得积极进展。2022年，农业农村部遴选推介第一批40个农业生产"三品一标"典型案例，受到社会各界广泛关注。为充分发挥典型案例的示范引领带动作用，2024年，农业农村部开展第二批农业生产"三品一标"典型案例征集活动，遴选了北京市大兴区等50个推进农业生产"三品一标"的典型案例。

此次遴选的50个案例各具特色、各有侧重，涵盖了品种培优、品质提升、品牌打造和标准化生产等不同主题，特点鲜明、亮点突出，展现了各地推进农业生产"三品一标"、促进农业高质量发展的生动实践。**一是以品种培优推动产业提档升级。**如吉林省长春市公主岭市、山东省烟台市莱州市等案例，注重良种培优，健全优质品种推广应用机制，创新研发农业绿色生产技术，促进农业产业转型升级。**二是以品质提升带动优质优价。**如浙江省湖州市吴兴区、海南省文昌市等案例，注重提升产地环境治理水平，着力推广绿色防控和循环种养技术，创新质量监管体系，全面提升农产品质量安全水平，引导农产品优质优价。**三是以品牌打造促进产业提质增效。**如内蒙古自治区通辽市科尔沁左翼后旗、广东省清远市清城区等案例，注重农业品牌建设和品牌赋能，全力打造产业集群，不断提升农业品牌竞争力和影响力。**四是以标准化生产助推产业转型。**如天津市西青区、湖北省咸宁市赤壁市等案例，优化农业标准体系，推广农业标准化生产技术，全面推进全产业链按标生产，推动农业发展全面绿色转型。

推动农业生产"三品一标"是发展理念的转变，也是生产方式的变革，需要系统谋划、科学推进。这些案例总结了各地推进农业生产"三品一标"的新进展新成效，是一本可学可看可借鉴的实用读本，对各地深入推进农业生产"三品一标"具有很好的参考价值。希望通过本书，打开一扇展现品种培优、品质提升、品牌打造和标准化生产美好画卷的"窗口"，架起一座联通社会各界的"桥梁"，营造上下联动、各方参与、合力推进的良好氛围，有效引领全国农业发展全面绿色转型，持续提升农业质量效益和竞争力。

编委会

2024年11月

目 录

CONTENTS

科技赋能育优品　大兴西瓜美誉传

一、基本情况

　　大兴区位于北京市南郊，耕地面积27.14万亩[*]，是北京市西甜瓜主产区，面积约4万亩（含外埠基地），亩产3000公斤。下辖的庞各庄镇被誉为"中国西瓜之乡"，自1988年以来已举办36届"大兴西瓜节"。"大兴西瓜"成为京城百姓信赖品牌，于2023年入选全国"农业品牌精品培育计划"。近年来，大兴区在西甜瓜种苗生产供应方面，探索实现从种植户自主小规模育苗向集约化、规模化和数字化的转变，利用互联网进行品牌打造和销售，进一步扩大"大兴西瓜"品牌的影响力和美誉度，切实提高经济效益，有力推动农民增收。

---

　　[*]　亩为非法定计量单位，1亩≈666.67平方米。

二、主要做法

（一）加强新优品种引进，积极开展示范展示活动。根据市场需求和农户种植习惯，积极开展西甜瓜新品种引进试验与示范。2007年，大兴区就引进小果型西瓜，实现种植品种的跨越式变化。2022—2024年累计引进适宜北京地区的小果型、耐储运、挂果期长的红瓤品种光辉1000、阳光900等，以及彩虹瓤品种京彩系列、炫彩系列等品种152个。其中彩虹瓤小果型西瓜京彩3号2023年平均售价高于红瓤小果型西瓜2.7元/公斤，平均每亩增收9000余元，实现了优质优价。近年来，大兴区积极组织开展西瓜新优品种生长期、成熟期的示范展示活动，通过直观展示并结合生产技术指导、培训，极大地促进种植户、农业园区等对新品种的认可与应用。2023年，区农业农村部门组织实施新品种展示评价项目，共种植、展示西甜瓜品种134个，遴选出"四好"品种13个，并面向消费者、生产者、经销商等群体开展"尝鲜选品"活动，取得较好的辐射带动效果。

（二）加强种苗生产能力提升，推广高效配套技术。通过培训、指导等方式扶持"四季阳坤""广源富民产销专业合作社"等15家西瓜集约化育苗基地，年供应优质种苗3000万株以上。完善育苗基地加温设施、育苗室、补光灯等基础设施，创新推广种子促萌、种传病害处理、干籽直播、穴盘替代、补光方式、大苗贴接嫁接等高效嫁接育苗技术，提高大兴西瓜嫁接育苗技术水平。大兴区西瓜集约化育苗量迅速增长，在种子来源途径、健康种苗标准、生产管理等方面实现规范化、标准化，对提升大兴西瓜的品质起到了重要作用。同时，着重加强高效配套技术推广，积极推动西瓜新优品种应用，大力开展高效省工栽培技术示范，推广设施西瓜蜜蜂授粉、集约化育苗、干籽直播种子消毒处理、多层覆盖、水肥一体化、生物天敌防治等10余项简约化栽培技术，进一步提升西瓜产业水平，为西瓜新优品种展现优良品质、实现丰产丰收提供科技支撑。

（三）加强院区合作，促进产学研一体发展。近年来，大兴区积极与中国农业科学院、北京市农林科学院、中国农业大学、北京市农业技术推广站等科研院所合作，引进一批相关领域专家，同时与国家西甜瓜产业技术体系、北京市西甜瓜创新团队、北京市特色作物创新团队、北京市数字农业创新团队等开展深入协作，促进资源共享、产学研一体，进一步强化大兴西瓜优秀籽种、高效技术与智能装备的应用，推动大兴西瓜产业向质量兴农、品牌富农的更高水平迈进。通过新优品种引进、技术指导、示范展示等产学研高效结合的培养方式，使大兴西瓜育苗者与生产者在转变思想观念的同时，掌握与时俱进的先进技术。

（四）加强龙头企业集约育苗，提高种苗生产质量。采取"科技+龙头企业+农户"模式培育龙头企业，北京四季阳坤农业科技发展有限公司经过扩建，新建4号基地——大型集约化育苗场，占地面积149.41亩，建设11栋日光温室和1栋薄膜连栋温室，种植面积60亩，已成为北京市规模较大的集约化育苗场，持续为河北、山东等6省及北京昌平、延庆等7区农户提供优质西瓜嫁接种苗。在基地示范推广L600、光辉1000等小型西瓜优良品种，示范种子消毒处理技术，培训专业的嫁接团队。

（五）加强政策支持力度，增强种苗供应能力。持续加大对西瓜育苗的扶持力度，区财政对西瓜商品苗成本、嫁接用工、设施西瓜蜜蜂授粉等给予政策补贴5000余万元，推动新优品种的推广应用，提高优质种苗供应能力和水平。2017年以来，大兴区西瓜苗年产量不断提高，销售逐步辐射至京津冀蒙等地。

三、工作成效

（一）品种口味更加丰富。通过新优品种引进、示范与推广，大兴西瓜品种从单一的大中果型西瓜转变为以高糖、耐裂、高产、挂果期长的小果型西瓜为主，形成了以种植七彩西瓜、功能性西瓜等为特色的产业发展格局。2023年，彩虹瓤西瓜的平均售价高于红瓤小果型西瓜2.7元/公斤，平均每亩增收9000余元，实现了优质优价。丰富多样、具有趣味性的

西瓜品种，大大增强了瓜农的种植积极性与市民的消费热情。

（二）品牌效益更加明显。种植品种类型的转变，让大兴西瓜更加适应市场需求。优质、高糖、高产、特色的小果型西瓜与观光采摘、电商、网络直播销售有效结合，开创了大兴西瓜新的销售模式，提高了大兴西瓜的市场占有率。创新"异地种植+北京销售"模式，鼓励带动有能力的企业和合作社"走出去"，将大兴的优良品种、先进的种植技术和管理理念与外埠种植面积优势及低劳动成本相结合，填补了北京市空档期，延长了北京市西甜瓜市场供应周期，扩大了北京西瓜品牌影响力。

（三）人才支撑更加强劲。通过品种引进、技术支持、示范展示与产学研高效结合，培养刘福娟、李凤春等一批西瓜生产企业领头人与技术骨干；通过技术培训，西瓜育苗嫁接速度从每人2000株/天提高至5000株/天，有力带动农民就近就业和增收。

（四）产业发展更加迅速。2023年，大兴区优质西瓜种苗达到3441.6万株，较2022年育苗量提高30.9%，呈逐年上升趋势。随着西瓜新优品种与技术的应用推广，大兴西瓜集约化育苗成为北京市西瓜育苗的主力军。通过集约化育苗推广应用，带动大兴西瓜良种覆盖率达到90%。

北京市平谷区
以农业中关村建设为引领
探索都市农业生产"三品一标"路径

一、基本情况

平谷区位于北京市东北部，耕地面积14.6万亩。2020年，北京市首次提出打造农业中关村，在京郊平谷开启了一场关于农业的大胆探索和深刻变革。近年来，一批涉农龙头企业聚集平谷，品种创新实现种业突破，品质提升迈出坚实步伐，品牌打造占据市场高地，标准化生产推进农业高质量发展。目前，全区已形成以大桃为主导产业，蔬菜、畜禽、水产协同发展的都市农业新格局。

二、主要做法

（一）聚力高科技品种培优，打造中国种业高地。**部市协议高位引领。**制定实施"一方案两清单"，建立农业中关村市级协调推进机制，与农业农村部、教育部合作协议加速落地。编制完成《农业中关村产业发展规划（2023—2027年)》。实施种业振兴五年行动，加速聚集资源要素，搭建国家级种业研发平台，相继落成中国农业科学院蔬菜生物育种全国重点实验室、农业农村部蛋肉鸡育种与繁殖重点实验室等。全方位布局科技小院33个，实现产学研同步推进。**成果转化品种突破。**邀请诸多院士、博士将科研成果转化到京郊大地，累计创建"博士农场"117个，引进荞麦、旱稻等种质资源1000余份，培育出优异生菜、五彩茄子等100余项创新成果。攻坚"卡脖子"技术，企业自主培育的"沃德188"种鸡品种，打破了白羽肉鸡种源完全依靠进口的局面。

（二）对标新需求品质提升，现代农业阔步前行。**推动绿色有机认证。**制定相关奖励补贴政策，利用新型生产设备和科学管理措施，不断优化投入品使用，全区绿色、有机农产品逐年递增。2023年认证主体65家，产量达到16968.8吨。**强化质量安全监管。**采用信息化手段实施网格化智慧监管。运用"北京农安宝"小程序对农业生产主体进行巡查检查。深入开展各类专

项行动，建档立卡，动态管理。大力推广食用农产品承诺达标合格证制度，建立产地准出和市场准入机制，实现规模主体开具全覆盖，推进电子化开具与追溯一体落实。**提质区域特色品种。**打造"平谷大桃""北寨红杏""茅山后佛见喜梨"等多个国家地理标志农

产品，建设地理标志农产品大桃核心生产基地1540亩，依托农业中关村，研发新型种植技术，助力区域特色农产品品质升级。

（三）挖掘多渠道品牌培育，拓展增值增效空间。**推广主体品牌。** 引导企业转变"重产品、轻品牌"惯性思维，切实加大投入，着力提高品牌建设能力。大力推广峪口禽业、正大蛋业、沱沱工社等一批主体品牌。**打造区域品牌。** 制定《平谷区大桃品牌管理实施方案》，规范平谷大桃区域公用品牌的使用与管理。注册"博士农场"全品类商标，建设"博士农场"好物集配中心。同时，持续推荐优质主体加入"北京优农"品牌队伍，不断增强优质农产品的认知度和美誉度。**强化宣传推介。** 多措并举育品牌、畅销路，举办国际桃花节暨"土特产"发展大会、"博士农场"招商推介会、中国农业科学院路演等大型活动；建设村播学院总部基地，培育一批新农人，打造直播电商功能区。

（四）提质标准化生产，推进农业高质量发展。**规范标准化体系。** 编制蔬菜、淡水鱼、蛋鸡、生猪四大标准化体系，制定能参考、可执行的工作、管理和技术标准，不断加大实施与宣贯力度。鼓励支持各类生产经营主体编制企业标准体系。**建设标准化基地。** 加强对农产品生产基地的服务指导。建设农业标准化基地177家，其中市级优级标准化基地22家，全产业链（全程）标准化基地5家。建设标准化国桃示范园117个。**推动数字化生产。** 建设万亩数字菜田，覆盖20余个园区和露天基地。与高校、企业合作建设3个集环境监控、果园病虫害图像识别、肥水一体化装备和果园机械应用的数字果园，加快推动科技成果转化为现实生产力。实施标准化生产，进一步提高优质农产品供给。

三、工作成效

（一）**品种培优奠定产业基石。** "博士农场"率先把科技转化到田间地头，"蛋鸡基因组选择育种技术体系建立与新品种培育推广"项目荣获教育部科学技术进步奖一等奖。峪口禽业自主培育的"京红1号"高产蛋鸡和

"沃德188"快大型白羽肉鸡出口坦桑尼亚,实现国产肉鸡蛋鸡品种出口"零的突破"。

（二）产业稳固带动农民增收。畜禽种业创新基地揭牌。华北最大高效智能温室开工建设。2023年蛋鸡存栏约499.15万羽、禽蛋产量约6.8万吨、能繁母猪保有量约1.3万头,均位居全市第一;大桃全年产值15.09亿元,以大桃为主的果品产量和收入连续稳居全市第一。全区农林牧渔业总产值实现39.4亿元,位居全市第一。农村居民人均可支配收入达36895元。

（三）创新科技提高国内影响力。成功举办2023世界农业科技创新大会、第三届畜禽种业专业论坛等会议。国家现代农业（畜禽种业）产业园成功建设并通过绩效评估。国家数字桃园标准化示范区与国家蛋种鸡物联网养殖标准化示范区两个项目入选第十一批国家农业标准化示范区项目。一系列"国"字头先行先试任务正持续为农业中关村汇聚强劲动能,推动抢占农业科技创新制高点。

天津市北辰区
聚力培育"津农精品"
跑出品牌强农加速度

一、基本情况

北辰区位于天津市城北，为天津四个环城区之一，全区耕地面积12.99万亩，永久基本农田9.43万亩。近年来，北辰全区粮食生产持续稳定，"菜篮子"主要产品人均占有量和自给率保持全市前列。现代都市农业不断发展，生态高端型农业呈增长态势，农业供给侧结构持续优化。农业布局特色显著，"益多利来"对虾、"五大湖"鸡蛋稳定供应本地及周边市场，"津耘"良种辐射天津、河北及山东等地；培育一批鱼菜共生、稻渔立体种养等特色农业项目。2023年，北辰区农业总产值达到11.35亿元，农林牧渔业固定资产投入达到1.59亿元，农村居民人均可支配收入达到35240元。

二、主要做法

（一）强化品牌塑造，做好政策服务。加大政策支持力度，拓宽农产品销售渠道。为实现"品质兴农""品牌助农"，积极鼓励引导农业企业、合作社、家庭农场开展品牌化建设。区农业农村部门提供农产品绿色、有机认证服务政策解读，联合政务服务办优化审批办事流程，积极搭建品牌交流平台，为鼓励区域内品牌主体参加全国性大型综合展会提供差旅补贴等支持。同时，鼓励引导企业注册商标，积极培育认定天津市"津农精品"，加强自主知识产权保护，近年来新增农业品牌商标30余个。

（二）**实施品牌赋能，扶持品牌发展**。通过品牌赋能，提炼品牌核心价值，讲好品牌故事，策划极具吸引力的品牌Logo，利用电视、互联网等多媒体融合方式将品牌故事传播给消费者。深挖现有农业品牌人文资源优势，以农产品为载体传播优质纯朴的乡土文化。北辰区赋能天津金亚麻农业科技有限公司"五大湖鸡蛋""七里海鸡蛋"，一亩渔菜（天津）农业科技有限公司"渔菜公社蔬菜"，弗里生（天津）乳制品有限公司"弗里生乳牛"，天牧（天津）清真食品有限公司"天穆牛羊肉"等品牌故事，扶持品牌茁壮成长。

（三）**拓宽营销路径，打造品牌新业态**。通过媒体宣传、口碑相传推动农产品"走出深闺""走上餐桌"。借助天津市《乡村振兴怎么干》栏目，分享北辰区品牌建设经验，为农业品牌宣传效果提质扩面。同时，抓住直播带货新风口，打造品牌发展新业态。为鼓励农业企业、新型农业经营主体开展直播带货，组织20余人次参加"品牌赋能添动力·电商助农促增收"主题培训，累计直播销售额突破600万元，打开了农产品直播带货的新局面。

（四）强化品牌监管，农产品提质增效。大力推进品牌助农，品质提升是关键。北辰区对现有"津农精品""名特优新""特质农品"等品牌进行动态监测，组织区级农业执法部门对农产品质量安全加强监管，严厉打击假冒伪劣、以假乱真等行为，每年对获得品牌称号的企业农产品进行不定期抽检，年均抽检次数不少于1000次，品牌企业检测合格率达到100％，做到品质优、口味美、放心食用。

三、工作成效

（一）品牌建设成效初显。北辰区积极探索"品牌兴农，品牌助农"发展路径，持续加大品牌培育力度，入选名特优新农产品、特质农品名录品牌1个，国家地理标志农产品1个。培育认定"津农精品"品牌数量达到11个，品牌涉及种源、水产品、蔬菜、水果、畜禽产品、奶制品、休闲农业七大方面。其中，"津耘"种源品牌2019年被认定为天津市知名农产品品牌，2020年被认定为"国内知名"品牌。80％以上"津农精品"企业产品销往北京，2003年销售额较上年增加2055万元，增长20％，平均溢价率达到8.5％。

（二）品牌兴农品质提升。聚焦优良品种、绿色技术、标准体系、品质评价等关键环节，创新优质农产品技术模式和发展机制，不断增加绿色优质农产品有效供给，促进农业高质量发展。皇冠梨、萝卜、南瓜等9个品类获得绿色食品认证，草莓、番茄、韭菜等15个品类获得有机产品认证。

（三）品牌延链产业兴旺。农业品牌链接供需两端，推动了农业产业结构调整、升级。坚持"强龙头、补短板、延链条、壮品牌、拓渠道"指导思想，引导品牌溯源体系建设，实现检测准入、溯源追踪等农产品流通过程的透明化，以品质赢得市场认可和消费者青睐。延长产业链条，实现龙头企业带农户，共同提高品牌带动力，让优质农产品产得优、卖得好。

（四）**品牌强农共同富裕**。北辰区聚焦市场需求，提升品质、创新营销，使农业品牌迸发活力，农民收入持续增加。培养电商直播带头人，在2023年天津市第二届人保杯"津农精品"直播联赛中斩获奖项。发挥示范带动作用，新增农村就业岗位150余个，间接带动周边农户500余户，实现户均增收近万元。

天津市西青区
大力推进"六个标准化"
打造京津精品蔬菜供应基地

一、基本情况

西青区位于天津市西南部、海河流域下游，为天津四个环城区之一。近年来，西青区以建设现代都市型农业为核心，通过积极开展农业标准化生产核心技术攻关，打造集育种繁种、现代化种植、景观展示、产品加工销售于一体的高端精品蔬菜特色农业全产业链，有效提升了蔬菜产品的知名度和美誉度，推动了津城蔬菜产业高质量发展。已累计完成建设高标准农田8.83万亩、设施农业2万余亩。2023年实现蔬菜产量29.2万吨、粮食产量3.3万吨、实现农业总产值21.77亿元。

二、主要做法

（一）**推进土壤治理标准化**。基于农田资源的合理规划与利用，针对种植作物习性与土壤偏碱性的现状，引入科学配比的稻壳鸡粪进行土壤改良。并采用太阳能闷棚、化学消毒处理、土壤深翻、生物修复等多种方法，使土壤pH稳定在6.5～7.5，土壤有机质含量提升25%，土壤微生物活性增长40%。改造后的土壤平整，排灌便利，土层深厚且结构疏松，富含多样化的有益微生物群落。

（二）**推进棚室改造标准化**。依据现有棚室结构及作物对温度的需求，以实用高效为准则，对棚室保温、密封、增温等方面实施改造。改造后的棚

13

室确保了冬至正午日光温室后坡及后墙光照无暗区,晴天清晨保温被卷起时日光温室内气温不低于10℃,连阴天不低于6℃。冬季晴天无室内加温条件下,翌日早晨温室地下深10厘米土层的最低温度不低于12℃。

（三）推进投入品管理标准化。严格选购具有合格证明供应链上的农药、肥料、种苗、农膜等农业投入品,并实行统一采购、供应、管理。严禁使用未经发酵的畜禽粪便等农业投入品。

（四）推进生产技术标准化。根据市场需求合理安排种植茬口,选择自研或符合市场需求、产量高、品质好且通过农业农村部非主要农作物品种登记的品种进行种植。实行全生长过程的精细化管理,包括植株定植、覆盖地膜、环境温湿度调控、保温被揭盖管理、水肥管理、植株吊蔓、保花保果等,作物产量提高了15%,品质也得到显著提升。

（五）推进病虫害防治标准化。坚持预防为主,综合防治的原则,根据作物生育期及不同防治对象的发生情况,分阶段实施绿色防控。优先采用农业防治、物理防治、生物防治方法,并科学合理地使用化学农药。

（六）推进采收与运输标准化。根据果实成熟度和市场情况确定采收期,采收后按照客户要求的包装标准剔除畸形果、破损果等后进行分级包装,形成10 ~ 15斤*重的标准泡沫箱包装。根据季节及温度条件,采用冷链运输车

---

* 斤为非法定计量单位,1斤 = 500克。

或保温车厢恒温10～12℃运输，确保果实新鲜度。

三、工作成效

（一）标准化应用实施提升产品品质。与国内外顶尖的种子供应商建立稳定的合作关系，成功引进优质种子，提升了农产品的品质。同时，借助先进的种植技术和管理模式，对土壤、水分、肥料、病虫害等关键要素进行精准调控，确保农作物健康生长。通过建立严格采收标准和加工流程，有效减少了生产过程中的损伤和浪费，提升了农产品的整体质量。

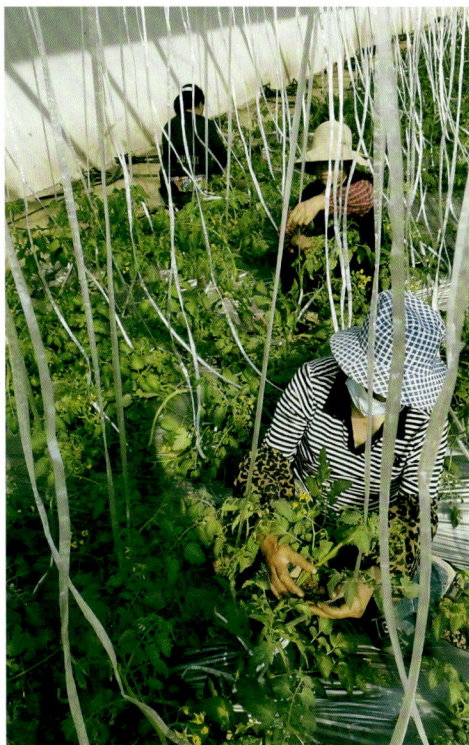

（二）标准化基地建设提升智能化水平。开展高标准农田和设施农业建设，以新型节能日光温室为代表的高档设施比例进一步扩大，规模化基地水、电、路、渠等基础设施建设和物化技术装备水平不断提升。同时，积极引进国内外先进的智能农业管理系统和物联网技术，通过建立完善的管理制度和质量监控体系，对生产过程每一个环节进行严格把关，确保农产品符合高标准品质要求，进一步提升农产品的市场竞争力。

（三）标准化生产推广提升产业效益。聚焦依标生产，突出特色品种培育，指导设施农业示范园引进瑞克斯旺中型螺丝椒等新品种，填补京津地区种植空白。通过应用"六项标准化"生产技术，预计园区螺丝椒总产量可达200万斤，实现销售收入600万元。充分发挥农业企业联农带农作用，指导相关企业与周边农民建立紧密合作关系，通过订单农业、合同种植等方式，实现与农民的利益共享和风险共担，有效提高了农产品的附加值和效益水平。

河北省唐山市玉田县
优品种　抓标准　强品牌
生态养殖富"甲"一方

一、基本情况

玉田县隶属于河北省唐山市，地处河北省东北部，西距北京117公里，西南距天津110公里，已融入首都半小时经济圈。作为传统农业大县，近年来，玉田县通过培优品种、打造品牌、绿色生产等，不断发展壮大玉田甲鱼新兴朝阳产业，全县存塘万只以上的甲鱼养殖场93家，养殖水面1600多亩，年产商品甲鱼500多吨。

二、主要做法

（一）**实施品牌化，扩大知名度**。2017年玉田甲鱼成功入选国家地理标志保护产品，成为全省第四个国家地理标志水产品，2020年又被列入"全国特色乡村产品和能工巧匠目录"。县政府以奖代补，大力支持农业主体注册商标打造品牌，培育"蓝泉河""泥脚丫""聪寿"等甲鱼品牌，"蓝泉河"被认定为河北省知名商标，"玉田甲鱼"被评为河北省名优农产品区域公用品牌。县农业农村局组织甲鱼养殖龙头企业积极参加国内大型农产品博览会、展销会，2023年"玉田甲鱼"获河北省"兴农梦杯"品牌渔业产品品鉴大会一等奖。

（二）**实施标准化，巩固高品质**。县农业农村局、科技局牵线搭桥，河北大学生命科学学院在鑫龙甲鱼养殖合作社建立了产学研基地。县政府出资

20万元，由河北大学牵头，研究编制了《玉田甲鱼省级地方标准》，成功构建玉田甲鱼产业国家地理标志农产品保护、省级地方标准监管的"双标"管护格局，管护范围涉及大安镇、孤树镇等5个乡镇区域内玉田甲鱼核心区的22个行政村，管护区甲鱼养殖占全县甲鱼养殖产量的90%以上，有效稳定了玉田甲鱼"三黄一肥"的优良性状。2023年，鑫龙养殖专业合作社成为天津一家经营高端农产品公司的甲鱼供应基地，成功通过良好农业规范（GAP）认证。

（三）实施良种化，抢占制高点。县农业农村局积极引导唐玉、鑫龙两家养殖场创建省级甲鱼原种场，支持开展驯化野生甲鱼，提高玉田甲鱼品种纯度。以原种繁育为依托，全县已建成省级甲鱼良种场1家，专业生产种蛋养殖场1家，年产种蛋70多万枚，其他甲鱼养殖场以种蛋为"副产品"，单家独户年销售种蛋由一两万枚增加到十万枚左右，年产销种蛋总量可达300万枚，畅销安徽、河南、湖北等地，实现了输出种蛋、扩大影响、强化市场竞争优势的目标。

（四）实施生态化，追求可持续。全县普遍推广"种养结合处理养殖尾水模式"，成功探索"尾水处理+经济林""尾水处理+绿化苗圃""尾水处理+林果""尾水处理+观赏花卉"等模式，实现了环保、节能、增效多赢。县农业农村局和环保局联合行动，彻底取缔了冬季用燃煤加温的"黑棚"养殖，积极推广玻璃温室，煤改电、煤改气温室。

（五）实施融合化，构建大链条。2018年创建国家级水产健康养殖示范场1家，2019年创建省级休闲农业精品星级企业1家，2021年创建省、市级休闲渔业示范基地各1家，全县共有以甲鱼菜品为特色的农家院、特色餐馆30多家。2022年以来，玉田甲鱼销售开拓了线上渠道，进入美团优选、盒马鲜生等国内多家知名互联网平台。县农业农村局牵线搭桥，正在组织食品加工企业、中央厨房企业，深入考察调研，准备新上甲鱼深加工、预制菜生产线，以深加工提高附加值，助力产业做大做强。

三、工作成效

（一）**社会关注度不断提升**。县委、县政府组织开展"讲玉田农业品牌故事"活动，玉田甲鱼率先"登陆"央视《农业致富经》栏目，相继有央视财经频道《寻鲜中国》、央视17频道《田园帮帮团》、河北电视台《冀有好物》等主流媒体宣传推介玉田甲鱼。

（二）**销售渠道逐步拓展**。随着玉田甲鱼知名度的不断提升，一些养殖场（户）与电商平台实现有效对接，如鑫龙养殖合作社等养殖场（户）与美团优选、叮咚买菜、盒马鲜生等签订供销协议，一些养殖场（户）还与抖音、快手等主播建立联系，通过直播带货销售玉田甲鱼。

（三）**市场价格保持高位**。玉田甲鱼深受湘鄂皖等南方市场青睐，每斤售价高于其他地区甲鱼10元左右，线上销售每斤平均价格高于线下销售15元。特别是甲鱼生长周期可长可短，越长越值钱，可以有效规避市场风险，啥时候赚钱啥时候卖，因此又被称为"水下银行"。

（四）**社会效益持续向好**。在2023年农产品价格普遍走低的情况下，全县生产甲鱼530吨，产值5200多万元，吸纳农村劳动力200余人，人均增收1.3万元。

内外兼修　龙头引领
推进生猪产业高质量发展

一、基本情况

高平市隶属于山西省晋城市，位于太行山西南边缘，是中华民族农耕始祖炎帝故里。近年来，高平市深入实施农业"特""优"战略，精心打造白色生猪、黄色黄梨、红色富硒甘薯、黑色食用菌、多彩潞绸"五彩农业"，加快建设"五主（猪、梨、薯、菜、菇）、五辅（羊、鸡、药、林、田）"农业产业链，全面推动产业振兴，促进农民增收致富。2023年，生猪出栏100万头、屠宰42.6万头，生猪全产业链产值达52亿元，吸纳就业人数2.5万人。

二、主要做法

（一）**"政策支持"打造养殖标准典范**。制定《高平市关于推进现代农业产业高质量发展的三年扶持政策》《高平市构建现代农业体系推进农业可持续发展的扶持办法》《高平市进一步促进生猪产业转型升级资金奖补方案》《新增能繁母猪补贴资金预算指标》等政策，支持生猪产业扩能提质。市财政每年拿出2000万元，推进年出栏500头以上的规模猪场建设。2023年，实施晋城市畜牧业高质量发展规模养猪场数字化升级项目，山西凯永集团建成投运山西省首个畜牧行业大数据中心，农业农村部认定山西凯永养殖有限公司为2023年度农业农村信息化示范基地。

（二）**"科学育种"打造生猪品种典范**。以山西省唯一通过国家审定的"晋汾白猪"地方特优品种为基础，以山西凯永集团为牵头企业，依托中国农业大学、山西农业大学等专家教授，参与实施全省畜禽良种联合攻关，成为全国猪联合育种协作组成员单位、国家级生猪扩繁扩建项目实施单位、国家生猪育种创新标准化示范区，加快构建生猪良种繁育体系。2022年建成晋汾白猪1200头核心育种场和2400头扩繁场，保有晋汾白猪核心种猪600余头，扩繁、商品销售2万余头。与加拿大、法国等国外核心育种场开展联合育种。2023年投资3.39亿元的中加裕农牧有限公司2400头核心育种场建成投产，引进加系原种猪860头。

（三）**"校企合作"打造高端品质典范**。依托农业产业化国家重点龙头企业山西凯永集团成立华科研实验室，聘请中国农业大学、山西农业大学、河南农业大学等高校专家，将"晋汾白猪"聚合本土品种和外来猪种优良基因，发挥其产仔多、生长快、抗病强、杂交优势、肉质醇厚等特点，筑起山西生猪种业振兴版图。引进国际知名猪遗传公司的法系种猪，开展法系品种大白、长白、皮特兰等全球高端育种繁育，发挥其体型大、产仔多、生长速度快等优势，提升生猪育种国际品质竞争力。

（四）**"标准规范"打造特优品牌典范**。推动制定出台"晋汾白猪"行业

标准，制订《"高平生猪"养殖技术标准》《规模猪场建设规范》《种猪精细
化饲养技术规程》和《规模猪场疫病防控技术规范》等地方标准，参与制订
《规模猪场粪污处理设施建设规范》《优质猪肉生产技术标准》等地方标准，
已建成较为完整的生猪养殖综合标准化体系。"凯永""胡一刀""山西精品"
等生猪产品远销上海、浙江、武汉等地。

（五）"生态循环"打造畜牧绿色发展典范。作为全国首批畜禽粪污资源
化利用整县推进项目实施县，建成2个大型沼气工程、232个种养结合粪污
处理设施，规模养殖场畜禽粪污处理设施装备配套率达100%，粪污资源化
综合利用率达到92%。形成"猪—沼—菜""猪—沼—粮"等生态种养典型。
同时，建成以1个病死畜禽无害化处理中心、8个收集点、1个运送点、1个
储存点为核心的病死畜禽无害化处理体系，实现了畜禽养殖废弃物生态循环
利用，产业链循环发展。

三、工作成效

（一）**品种培优**。中加裕农牧有限公司与法国克里莫集团合作，开展国

际联合育种，把国外好的种猪基因引进来，着力打造全国核心育种场，年向社会提供优质种猪精液3万余份、优质种猪3万余头。

（二）**品质提升**。高平生猪产业现有农业产业化国家重点龙头企业2家、省级农业产业化龙头企业5家、地市级农业产业化龙头企业12家。2023年，太行润源食品有限公司入选全国生猪屠宰标准化建设示范单位，并上榜2023中国农业企业500强。

（三）**品牌打造**。高平生猪产业"凯永""胡一刀"生猪及猪肉产品获评山西省名牌产品及中部六省名牌农产品。2022年山西凯永生物科技有限公司（饲料厂）被认定为省级"专精特新"企业。2023年太行润源食品有限公司"晋汾香猪肉"产品荣获首届"山西精品"公用品牌。

（四）**标准化生产**。高平生猪产业主导实施国家行业标准1个，制订地方标准4个，参与制订地方标准2个、企业养殖标准4个，已建成较为完整的生猪养殖综合标准化体系，500头以上规模养猪场标准化生猪养殖占比75%以上。

内蒙古自治区赤峰市克什克腾旗
重创新 强推广
提升昭乌达肉羊种业核心竞争力

一、基本情况

克什克腾旗隶属于内蒙古自治区赤峰市，地处内蒙古高原与大兴安岭南端山地和燕山交会地带，属中温带半干旱大陆性季风气候。全旗天然草牧场1413余万亩，农作物播种面积150万亩，肉牛肉羊存栏253万头、出栏151万头。昭乌达肉羊是我国第一个草原型肉羊品种，具有耐粗饲、生长发

育快、体型大、抗逆性和适应性强等特点。近年来，克什克腾旗强化政策引导，加强科技支撑，大力推进育种攻关。2023年，昭乌达肉羊核心群有优良种羊1万余只，育种协作户饲养纯种羊4万只，总产值达到33亿元，辐射带动农户13609户，从业农牧民人均可支配收入达到3.8万元。

二、主要做法

（一）加强政策支持。制定印发《克什克腾旗"三变"改革促乡村振兴试点工作实施方案》，提出以激活资源、聚拢资金、发展产业、促进增收为总体目标，推动克什克腾旗立足当地资源优势、生态优势和核心种源优势，打造研发、育种、繁育、推广、示范、交易、服务一体化的现代肉羊种业全产业链发展格局。克什克腾旗国家现代农业产业园于2023年12月通过绩效评估，总面积1068.6万亩。以昭乌达肉羊种业为主导产业，围绕现代肉羊种业国际化、市场化、品牌化和技术创新，聚焦科技研发、良种选育、双创孵化、核心辐射等主体功能，以培育国内领先的现代肉羊种业高地为目标，按照"一心两区多点"的功能布局，全力构建"科创中心引领、核心区带动和多点支撑"的肉羊种业体系。

（二）推进科技创新能力建设。通过设立"院士工作站""羊业科技小院"补充创新团队，建成国家种羊研发平台1个，自治区肉羊种业科技创新平台3个。与内蒙古农科院合作建立肉羊良种繁育、推广及技术服务网络，提升良种推广效率及技术服务质量，达到迅速扩大良种覆盖率和改善肉羊遗传品质的目的，推动肉羊种业产业集群科技创新能力整体进步，开放融合的肉羊育种人才聚集地基本形成。

（三）强化育种培育开发。利用大数据、云计算等高新技术，构建肉羊智慧繁育信息化系统与分析系统，探索高效智能的育种模式，提高育种效率。肉羊育种大数据中心主要包括肉羊繁育性状在线评定系统及智慧选育系统，其中肉羊繁育性状在线评定系统利用数字化技术，整合肉羊繁育标准性状信息，利用非接触式体尺高通量无应激测量装置，结合专业知识实现肉羊

繁育性能在线评定；肉羊智慧选育系统结合基因选育、表型性状、饲喂情况，实现智慧选育功能，为一线育种人员提供线上技术支撑，加快推动肉羊育种逐步从常规育种向智慧育种转变，肉羊新品种培育和种质持续提升改良。

（四）健全良种繁育推广体系。采用"羊联体"模式，创新肉羊育种新模式，农牧户自我发展能力和致富造血功能持续增强，实现农牧户稳定增收致富。以"公司＋农牧户"为基本组织形式，以实现企业和农牧户效益双赢为目标，实现从育种推广、饲养管理到产品营销诸环节配套的标准化育繁生产体系。"羊联体"成员已达36个合作社、8474户，同10家科研单位、6个加工企业、4家金融机构建立了长期稳定的联系。

三、工作成效

（一）经济效益不断提升。通过推进落实一系列重点任务与重大工程，培育国内领先的现代肉羊种业自主创新体系，有力带动肉羊产业转型升级、高质量发展，实现农牧业经济效益大幅提升。肉羊"优质、高效、生态、安全"特征更为明显，种业价值链进一步延伸。在充分进行市场调查的基础上，以周边地区2022年农产品的市场价格为依据，根据初步估算，肉羊种业经济价值与综合竞争力不断提升，肉羊良种市场占有率提升10%以上，产值达到1亿元。

（二）社会效益不断显现。进一步优化资源配置，推进肉羊种业多元化、标准化、品牌化、产业化、数字化发展，实现要素聚集和方式转变。通过发展"羊联体"等利益联结模式，建立龙头企业与合作社、农牧户风险共担的利益共同体，实现互利共赢、共同发展，有力促进农业增效、农牧民增收和农村发展。带动周边4556人从事肉羊种业扩繁工作，间接带动5000人以上从事与肉羊种业相关领域的流通、贸易等行业，对农牧民转移就业、增加收入起到积极的促进作用。2023年从业农牧民人均可支配收入达到3.8万元，通过良种推广使农牧民养殖收益增加12亿元。

（三）生态效益日益增加。产业园建设以生态优先、绿色发展为基本原则，统筹考虑肉羊种业生产和环境承载力，以肉羊粪污资源化利用为抓手，着力推广种养结合循环农业产业模式，促进肉羊粪便等废弃物资源有效利用，保持种植养殖生态平衡。同时，肉羊种业以提高肉羊繁殖性能、生产性能、抗病性能、抗逆性能为核心，将有力提高饲料转化率，减少抗生素等兽药使用量，减少动物疾病，有力缓解资源环境约束矛盾，减少兽药残留给人类健康带来的危害，促进资源节约、自然环境友好型畜牧业的可持续发展。

内蒙古自治区通辽市科尔沁左翼后旗
创响"科尔沁牛"品牌
谱写草原肉牛新篇章

一、基本情况

科尔沁左翼后旗位于内蒙古自治区通辽市东南部。近年来，该旗立足畜牧资源丰富优势，积极建设国家重要农畜产品生产基地，大力发展肉牛优势特色产业。全旗肉牛存栏95.19万头，出栏21.89万头，育肥牛出栏7.8万头，肉牛屠宰量2.05万头，牛肉产量4.4万吨。速冻冷鲜牛肉、奶制品等主要农畜（副）产品销往北京、呼和浩特、沈阳等地。打造标准化家庭农牧场22个，肉牛养殖专业村6个，万头育肥牛基地1个，千头育肥牛养殖场7个。建设科尔沁左翼后旗现代农牧业产业园、肉牛屠宰及精深加工产业园区等两个产业园区；注重品种培优，建设基础母牛繁育基地；建设青贮示范旗，强化饲草保障；打造舍饲养殖示范村12个，发展设施畜牧业，主导产业稳步发展。

二、主要做法

（一）品种选优。"科尔沁牛"由西门塔尔牛作为父本、蒙古牛作为母本杂交培育而成。1990年，被内蒙古自治区人民政府验收命名为"科尔沁牛"乳肉兼用品种。2002年，经国家科学技术委员会、农业部命名为"中国西门塔尔牛—草原类型群"乳肉兼用品种。西门塔尔牛以产肉性能高、肉质鲜美而闻名。坚持引进与培育相结合，以育肥本地优质西门塔尔牛为主，构建起完备的育肥体系和质量监测系统,确保肉食品安全。

(二)品质提升。内蒙古科尔沁牛业股份有限公司(简称科尔沁牛业)坚持从源头抓起,确立标准化生产流程,运用科学饲养方法和环保饲料配方,保障肉牛健康生长。加工厂生产线符合欧盟标准,技术装备先进,构建了HACCP食品安全质量控制体系,引入先进系统和工艺,通过标准化生产,保证牛肉的鲜美口感和优良品质,其牛肉产品获得了广泛认可。此外,科尔沁牛业还通过了HACCP危害分析与关键控制点、ISO 9001质量管理体系、ISO 14001环境管理体系、ISO 22000食品安全管理体系及出口备案等多项认证,建立了追溯系统,实现了全产业链的质量控制。

(三)品牌打造。科尔沁牛肉是行业内率先通过互联网平台进行销售的产品之一,在电商平台占据领先地位。互联网助力实现了从"草原"到"餐桌"的全程透明化,极大地提高了品牌的知名度和美誉度。科尔沁牛业紧跟消费者需求,不断创新丰富品牌内涵。推出"科尔沁国牛"礼品装,开启了中餐牛肉的新时代。同时,积极拓展线上销售平台,朝着经营精深加工产品转型,丰富了品牌的价值和影响力,休闲类食品在各大电商平台的榜单中名列前茅。在脱贫攻坚工作中,为贫困户担保购牛贷款,按照每户进行分红,并承担经营风险,通过构建全产业链,解决了当地农牧民的就业难题,让众多养殖户从中受益。科尔沁牛业将品牌建设融入时代发展,使其品牌深入人心,形象更加亮丽,为全旗肉牛产业发展提供了有益借鉴。

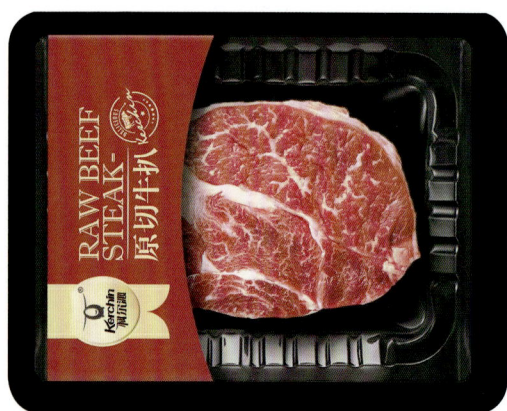

（四）**产业链整合**。科尔沁牛业作为农业产业化国家重点龙头企业，高度注重产业链上下游的整合与协同发展。公司自建了种植、养殖、屠宰加工基地，同时与第三方物流企业构建起紧密的合作关系，成功塑造了完整的产业链闭环。同时，通过精准的品牌定位、强有力的品质保障、创新的营销策略以及对文化传承的重视等一系列举措，产业链整合成效凸显，公司不但降低了成本、提升了效率，而且进一步强化了产业链的稳定性与竞争力。

三、工作成效

（一）**品牌影响力显著提升**。"科尔沁牛"品牌已然成为国内外知名的肉牛品牌，得到广大消费者的高度认可，品牌知名度和美誉度持续攀升。通过电商平台的广泛推广、专卖店的精准营销以及超市的大规模铺货等多种方式，"科尔沁牛"品牌成功覆盖了更广泛的消费群体，在国内肉牛市场份额逐年增加的同时，在国际市场上也开始崭露头角。随着品牌推广的不断深入，其消费者品牌忠诚度和品牌的知名度不断提高，"科尔沁"品牌价值得到显著提升。

（二）**联农带农成效显著**。全旗形成以"科尔沁"品牌为核心，涵盖多个产品系列的品牌体系。"科尔沁牛"农产品地理标志授权企业已达12家，有效带动了肉牛产业发展，增强了区域公用品牌市场竞争力，提高了品牌知名度。在脱贫攻坚中，科尔沁牛业采取提供贷款担保买牛，经营风险由企业承担的方式，为科尔沁左翼后旗16个镇（场）的1283户贫困户担保购牛贷款5495万元，连续3年每年为每户分红4000元。同时还有效助力解决当地农牧民的就业问题，使7000多户养殖户受益。

辽宁省沈阳市铁西区
优品种　强加工　拓市场
"铁西鲟鱼"走出致富路

一、基本情况

铁西区隶属于辽宁省沈阳市，位于沈阳市主城区西南部，辖6个涉农街镇，耕地面积23.8万亩，粮食种植面积稳定在19.2万亩以上，蔬菜种植面积2.42万亩，池塘水面1.5万亩。近年来，铁西区大力发展鲟鳇鱼、匙吻鲟、加州鲈鱼、斑点叉尾鮰等特色品种，深度推进养殖、加工、销售一体化发展，打造了"铁西鲟鱼"全国名特优新农产品，推动了特色鲟鱼品牌农业的高质量发展。

二、主要做法

（一）加强组织领导，助力渔业产业振兴。铁西区高度重视特色农业发展，针对淡水池塘精养普遍效益不高等问题，加大力度推动渔业养殖产业结构调整，积极培育壮大辽宁同富渔业发展有限公司等龙头企业，助力企业开展引种试验，引导农户调整品种，推广池塘精养替代花白鲢套养鸭嘴鲟等模式，实现每亩增收1000元。

（二）加大政策支持，打造水产养殖基地。为深入推进渔业供给侧结构性改革，优化养殖品种结构，引导企业发展精品渔业，铁西区结合渔业发展实际，强化土地、资金、人才等方面的政策支持，助推水产养殖基地打造。截至2023年底，基地占地面积500亩（其中，水面350亩），累计获得政策性支持资金100余万元，鲟鳇鱼、匙吻鲟等名贵鱼品种年孵化能力达2亿尾。

（三）强化科技赋能，构建渔业全产业链。铁西区坚持科学技术是第一生产力、第一竞争力，助力企业申报省水产苗种引进和繁育项目，引导企业开发大笨鱼水饺、大笨鱼肉酱、大笨鱼丸、大笨鱼肠、大笨鱼系列预制菜，开发沈阳大健康食品，兴建鲟鳇鱼文化博物馆，开展科普研学、民宿露营、渔耕文化、亲子捕鱼体验、全鱼宴餐饮等服务业，完善"育繁推加销"全产业链，实现一二三产业深度融合。

（四）聚焦主体培育，提升品牌影响力。通过政策支持、科技赋能，积极培育壮大龙头企业，形成辽宁同富渔业等头部企业，引领带动全区"鲟鱼"特色产业发展。组织龙头企业参加中国国际渔业博览会、沈阳农业博览会、沈阳品牌农产品北京招商推介会，以及在湖北武汉等地举办的国际农业博览会，扩大品牌宣传推广，拓宽经营渠道，盛京鲟鳇鱼荣获"沈阳特产"称号。

（五）推进稻鱼共生，打造特色生态农业。铁西区积极推进稻鱼共生项目，利用水稻吸收水中氮、磷等富营养化物质，实现养殖用水达标排放，降低寄生虫和病原菌密度，有效减少鱼病和鱼药使用，实现"好水养好鱼"。稻鱼共生所产大米不含农药，汞、镉、砷、铅、铬含量极低，达到国家大米质量标准及绿色质量标准，打造现代生态循环农业，实现一田双收、稻鱼共赢。

三、工作成效

（一）渔业产业综合效益凸显。积极培育"铁西鲟鱼"全国名特优新农产品，打造水产健康养殖示范场、水产品保供基地、水产繁育基地，构建稻

渔共生的生态循环农业模式，形成了一产优、二产强、三产旺的发展格局。2023年，全区水产品产量达到2.7万吨，渔业总产值实现3.95亿元。稻渔共生模式下可节省化肥使用量30%、农药使用量50%以上，实现生态效益及经济效益的最大化。

（二）"鲟鱼"品牌影响力与日俱增。鲟鳇鱼营养价值高、鲟鳇鱼全鱼宴等广受社会各界赞誉，在北京、武汉、成都、西安等地举办的农博会上受到好评，并荣获金奖。2020年，匙吻鲟获得辽宁（大连）国际渔业博览会金奖。2023年"铁西鲟鱼水饺"获评沈阳市年货节预制菜"现场人气奖单品"奖。"鲟鱼"产品已销售至全国各地，市场影响力及占有率显著提升。

（三）联农带农实现兴业富农。通过"公司+基地+农户"的模式，养殖品种不断增加，加工业逐步成熟，餐饮研学等服务业逐渐兴起，推动渔业全产业链发展，实现了一二三产业深度融合。解决500人就业，年接待游客30万人，客户资源突破10万人，有效带动200户农户发展鲟鱼经济，每户增收近20万元。

辽宁省阜新市阜新蒙古族自治县
"三品一标"全链升级 小花生做成大产业

一、基本情况

阜新蒙古族自治县隶属于辽宁省阜新市，位于辽宁省西北部，地形以低山丘陵为主，耕地面积478万亩。全县农作物以玉米、花生为主，年均粮食产量30亿斤以上，是全国重要的商品粮生产基地县之一。作为东北重要的花生种植优势区、加工核心区和贸易集散地，全县花生年均种植面积稳定在100万亩、产量5亿斤，实现综合产值近30亿元。

二、主要做法

（一）着力打造农技推广体系。县里与辽宁省农业科学院和沈阳农业大学等科研院校建立长期科技共建关系。2016年，中国工程院院士、河南省农业科学院院长张新友在辽宁省风沙地改良利用研究所建立"辽宁省农科院花生研究所院士专家工作站"，共同推进花生产业高质量发展。成立专家组和

技术指导组，确保农产品质量安全和标准化生产。

（二）全力培育生产经营主体。普及并推广"龙头企业+合作社+种植基地"模式。全县已发展花生种植户约6万户、个体初加工户5000户、花生经销大户150户，规模以上花生加工企业24家、省市级龙头企业6家，取得花生国际出口权证企业4家，年加工能力45万吨，常年加工量25万吨，产品出口到德国、东南亚、韩国、日本等地。鼓励科研机构和企业加强花生育种、生产和加工技术研究，在努力培育和推广高产、高含油花生品种的同时，大力发展高油酸等优质花生种植，积极选育推广省工、省肥、省水、省药和适宜机械化种植、收获的花生品种，打造花生良种"芯片"资源库。引进花生种质资源500～600份，引进和选育专用花生新品种10个，其中高油酸新品种2～4个，集成配套先进技术30项，制订花生高产栽培技术规程2个，申请发明专利2～3项。

（三）坚持市场导向宣传推介。举办阜新花生地理标志农产品专场推介会，在中央和省级媒体开展宣传，围绕阜新花生创作精品文章进行深度报道，撰写了6篇原创稿件，联合多家媒体进行矩阵式报道。发布制作以"阜新花生，当春乃发生"为主题的宣传片，在"学习强国"平台发布。举办首届阜新花生节暨庆祝第四个"中国农民丰收节"系列活动。将花生产品作为土特产品加入阜新县"伴手礼后备箱"工程，进一步扩大知名度。

（四）持续加大政策扶持力度。2022年以来，阜新县累计整合各类资金2.3亿元投入花生产业链建设，花生产业成为全县最稳定和持久的脱贫产业。坚持将规模化、科技化、绿色化、标准化、产业化贯穿于花生产业全过程，组织实施花生绿色高质高效创建项目，建设花生原种、良种繁育基地4万亩，建立核心区面积6.3万亩，辐射面积30万亩。发挥花生产业集聚区效应，通过"以商招商、精准招商"等方式，针对花生酱、花生蛋白、花生肽等精深加工项目，以重点企业为依托，大力发展精深加工，协调推进初加工、主食加工和副产物综合利用加工，实现花生全产业链开发。

三、工作成效

（一）产业综合效益不断提升。通过以点带面辐射全县的推广机制，先后育成"阜花"系列新品种30个，良种覆盖率达到90%。累计推广面积约400万亩，实现每亩增产10%以上，累计创造经济效益20多亿元。实现由无公害生产向绿色食品的跨越，在农业农村部门抽样检测的农药残留、重金属含量、黄曲霉毒素污染等三大质量指标上，阜新花生达到国家绿色产品标准。

（二）区域特色品牌逐步"出圈"。通过主流媒体宣传报道，提升品牌知名度，增强品牌的信任度，并转化为市场购买力。结合"阜新长生果"黄曲霉素零检出等优势，加大宣传力度，做大做强"阜新花生"品牌。

（三）产业链标准化更加完善。规范质量控制技术标准，制定《"阜新花生"生产操作规程》《地理标志农产品 阜新花生》绿色化、品质化、高效化的团体标准和技术应用方案。开展按标生产培训，督促企业、农户按照生产操作规程进行生产，农民和农业企业的标准化生产意识和技能显著提高。通过花生全产业链开发，实现优势特色产业集群集聚发展，产业效益稳步提升。

吉林省长春市公主岭市
优种提质齐发力　助推玉米种业全链升级

一、基本情况

公主岭市隶属于吉林省长春市，位于吉林省中西部，辖24个乡镇（涉农街道）、404个行政村，耕地面积474万亩，粮食总产和单产位居全国前列。公主岭市地处世界三大黄金玉米带核心区域，降水丰沛、日照充足、黑土肥沃。依托黄金玉米带独特的资源优势、毗邻省会长春市的区位优势及吉林省农业科学院科技优势，成功建设以玉米水稻种业为主导产业的国家现代农业产业园和国家级常规稻制种大县。目前，全市共有玉米制种田6.5万亩、水稻制种田3万亩，2023年种业总产值达到45.69亿元。

二、主要做法

（一）**强化政策支持**。依托国家现代农业产业园建设，市委、市政府研究制定促进"企业人才引进来，土地资源供应上"的政策举措，出台《公主岭市国家现代农业产业园扶持办法》《公主岭市招商引资十条优惠政策》等多项政策，从土地、资金、科技和人才等多方面支持种业发展，建立实施后补助、以奖代补、基金投入等创新激励机制，构建全方位政策保障体系。

（二）**突出科技创新**。依托吉林省农业科学院，联合中国科学院、中国农业科学院等科研院所，搭建"政府引领+企业主导+科研院校深入合作"的科研创新平台，构建了"一核一街多院校两基地"的产业布局，进一步提升种业育种创新能力。建立院士专家工作站3个、博士工作站1个，搭建省级以上科研平台19个，取得省级以上各类科研成果22项、专利成果146项，获得国家和部省级科技进步奖82项。建设吉林省作物种质资源保护与利用中心，库容规模20万份，可满足未来50年作物育种、基础研究、产业化发展等方面重大需求，建设水平达到国内一流水准。

（三）**重视良种繁育**。引进先正达集团中国春玉米研发中心，全面开展资源鉴定、种质创新、亲本保持、品种筛选、病害鉴定及新品种展示，提高育种性状改良效率，创制新种源，开发玉米新品种。中心每年夏季可完成玉米叶片和籽粒取样检测12万份、病害接种16万株、低温耐寒评价200多份。2022—2023年全市新增玉米、水稻国审品种88个、省审品种278个，在全国农业系统中授权品种数量上位列前三。翔玉998、泽玉8911、优迪919、吉粳816被列入全国2023年农业主导品种。成功推广吉粳88、吉粳803、吉粳301、吉粳305等一批优质高产耐盐碱水稻品种。4个玉米自交系入选"全国杰出贡献玉米自交系"。

（四）**完善基地建设**。对全市玉米水稻种子示范田进行摸底排查，根据育种、制种、扩繁、标准化种植的不同需要，在种业发展重点区域内建设高标准农田16.7万亩，打造10万亩标准化展示示范基地，配套高效节水设施2万亩，稳步提高旱涝保收能力。积极落实耕地保护制度，把种业制种基地耕地全部列入基本农田，上图入库，实行用途管制，实现永久保护。

（五）**推广智能应用**。打造大数据平台，以赵春江院士团队为技术依托的无人农场全面建成，通过采用物联网、大数据等新一代信息技术，实现生产过程自动化、监督管理信息化、决策分析数字化、管理指挥智慧化。建设

鸿翔种业春玉米种子加工基地，引进国际领先的智能化穗烘技术，现已建设两条果穗烘干线，年加工能力可达5000万斤。拟再建设两条烘干线，力争实现年加工能力1亿斤以上，建设成为全国最大、最先进的玉米种子生产基地。

三、工作成效

（一）**种业规模不断壮大**。截至2023年底，全市有持证的种子生产企业55家，引进培育鸿翔种业、吉林云天化、先正达三北农业、隆平高科、吉农高新、吉林宏泽等6家育繁推一体化玉米种子企业。吸引31家知名种企入驻国际种业研发中心。种子经营门店发展到450家，全市年生产经营种子1.4亿斤以上，其中玉米种子9000万斤以上、水稻种子3500万斤以上，分别占全省用种量的40%和34.8%。

（二）**加工能力不断提高**。集聚种子生产企业，建成种子加工基地43个、加工生产线48条。引进国际领先的穗烘技术，年加工种子能力28万吨，仓储能力达到21万吨，已经形成种子生产加工集聚区。

（三）**绿色发展成效显著**。全市农田节水灌溉覆盖率达到80.2%。畜禽粪污综合利用率由96%提升至98%，农膜回收率由83%提升至90.1%，农药化肥施用强度达到21.78斤/亩，各项指标均领先于全省平均水平。氮肥高效利用转基因玉米新品系实现在低氮条件下增产13%，处于国内研发前沿。以生物防治为主的水稻全生育期病虫草害绿色防控技术，整体防效达80%。

（四）联农带农效益凸显。依托国家现代农业产业园，探索"投改股"等利益联结机制，每年按照专项资金折股量化给村集体和薄弱户，有效促进农民增收。目前，全市种业发展带动村集体经济收入增长35.5%，与合作社或龙头企业建立利益联结机制的农户比重达62.4%，年均带动3.3万户、4.8万人，2023年国家现代农业产业园内人均可支配收入达2.74万元，高出全市平均水平34%。

吉林省通化市辉南县
重科技 控品质 建基地
标准化生产做优"辉南大米"

一、基本情况

辉南县隶属于吉林省通化市，位于吉林省东南部、长白山西麓，辖10镇1乡3个街道、143个村和1个省级经济开发区。辉南县地处北纬42°—43°，是国家黄金水稻带的中间区域，积温适中，昼夜温差较大，有利于水稻干物质的积累。同时，辉南县拥有全国最大的火山口湖群，火山口湖群流淌的矿泉水经各水库存储提温后直流灌溉，使辉南成为矿泉水直流灌溉的水稻产区。目前，全县耕地面积134.26万亩，其中水田面积35.5万亩，年产水稻21.3万吨。

二、主要做法

（一）强化政策支持。辉南县高度重视大米产业发展，将其纳入《辉南县绿色食品产业集群发展规划》，制定印发《辉南大米品牌建设实施方案》，组建辉南大米产业联盟，加强行业管理，保障大米产业的快速可持续发展。加大对稻米产业项目的支持力度，2018年以来，先后整合投入涉农专项资金1.1亿元，投入水稻生产加工领域。

（二）突出科技支撑。依托县内宏科水稻科研中心，成功繁育出宏科水稻系列品种18个，成为"辉南大米"小粒香系列当家品种。与中国科学院联合研发水稻新品种"中科发6"，品种口感好、抗性强、丰产性好，成为"辉南大米"长粒香系列当家品种。截至2023年底，全县水稻绿色、有机栽培技术覆盖率达95%，良种覆盖率100%，获得富硒功能型大米产品发明专利1项、实用新型专利12项。

（三）推行制标贯标生产。2014年，通过申报"辉南大米"地理标志认证，制定"辉南大米"地理标志产品标准。2020年以来，结合创建国家绿色食品原料（水稻）标准化基地，制定《辉南县绿优水稻生产技术规程》。通过科技下乡、微信公众号宣传等方式落实上述标准和技术规程，指导农民科学用种，大力普及绿色种养、科学施肥用药、农产品质量安全、秸秆综合利用等先进适用技术。建立减药控害新技术推广应用示范区1个，开展高效药械替代低效药械与新农药推广示范和水稻有害生物绿色统防统治试验示范，科学引导农户减少化肥农药用量。

（四）规范生产管理。成立技术指导组，以国家15万亩绿色食品原料（水稻）标准化基地为基础，按照绿色水稻生产技术标准组织生产，指导农户建立水稻生产档案，严格农业投入品管理。同时，完善绿色食品企业水稻收购、加工、贮藏、运输等环节地方标准，实现大米质量全程可追溯。建设高标准农田86.6万亩，实施黑土地保护利用技术161万亩次。其中水田高标准农田建设和黑土地保护利用技术覆盖90%以上。实施稻田深翻配施有机肥技术，提高水田有机质含量，提升水田耕地质量。组建辉南大米产业联盟，

全县有稻米合作社413个、家庭农场661个、大米加工企业14户加入产业联盟，实现大米产业产销衔接，带动1.6万农户从事稻米订单生产，依靠市场化运作实现品种和种植技术统一，实现生产环节标准化种植，长粒香和小粒香两个品系种植面积达到90%。

三、工作成效

（一）**水稻生产实现标准化**。严格把控水稻产品品质，组织农业综合执法大队深入村屯、田间开展监测和监督抽查，严格执行稻米产业相关国家标准、行业标准。定期开展相关宣传培训，积极推广绿色生产技术，有效减少化肥、农药施用量，全县水稻生产安全监管能力和水平实现整体提升，稻米检测合格率达到100%。先后3次被农业农村部认定为国家绿色食品原料（水稻）标准化生产基地。

（二）**"辉南大米"品质极大提升**。对水稻生产全过程进行监控，严格把控农药化肥用法用量，在加工过程中严格执行行业标准，使"辉南大米"达到色泽清白、籽粒完整饱满，光亮透明，饭香浓郁，松软油亮，饭粒完整，米饭冷后不回生的优良品质。

（三）**稻米产业效益显著增长**。全县共注册大米产品商品90余个，其中绿色大米企业19家、认证产品27个、有机食品认证产品13个。2023年，全县水稻全产业链产值达12.69亿元，水稻收购均价达到3.6元/公斤，每公斤高于市场价0.4元，带动全县农民增收8500余万元。

黑龙江省哈尔滨市五常市
擦亮"五常大米"金品牌
老字号铸就新辉煌

一、基本情况

五常市隶属于黑龙江省哈尔滨市，位于黑龙江省最南部，全市辖12个镇12个乡，261个行政村，人口72.47万，辖区面积7512平方公里，是哈尔滨市下辖九县（市）中人口最多、耕地面积最大的县级市。2011年五常市被授予"中国优质稻米之乡"称号，五常大米品牌价值连续多年蝉联地标产品大米类全国第一。现有耕地面积443.81万亩、水田253.4万亩，其中：有机水稻种植面积达100万亩，执行欧盟有机标准水稻种植达2万亩，生态鸭稻种植面积达2万亩。年产优质水稻约130万吨，成品五常大米约70万吨。现有大米生产加工企业510家，大米分装企业252家，合作社7387家。省级以上农业合作社示范社数量20个，市级以上农业产业化示范联合体7个。

二、主要做法

（一）科技引领，提升品种。与中国科学院合作，采用先进分子育种技术，甄选出纯度高达99.9%的"五优稻四号"原种，从源头为品牌保驾护航。与中国农业科学院等科研院所深度合作，培育出一批高产、优质、抗逆、适应性强的优质新品种。对近年审定的松粳等优质品种进行孵化提升，建立原种繁殖基地，快速提高大田用种产量，扩大推广面积。将全市17家种子研发基地进行整合，推行育、繁、推一体化，推进良种与良法相配套、农

机与农艺相配套、生产与加工相配套，推广智能化浸种催芽、标准化大棚育秧、病虫草害统防统治、暗排暗灌等技术700多万亩次，年培训专业农民1.2万人次，推动高产栽培技术施用面积达85%以上。

（二）建立标准，提升品质。出台《五常市环境监管网格划分方案》等。全面落实河长制，加强河流监管和流域污染综合治理；实施黑土耕地保护工程，开展农业面源污染综合治理，域内流域面积50平方公里以上的44条河流灌溉用水达到Ⅲ类标准。落实耕地质量长期定位监测点59个，建设黑土耕地保护示范区210万亩。针对稻米从良种繁育、育苗插秧、收割仓储到加工销售的27个流程99道工序进行逐一细化，制定五常大米种子、环境、种植等八方面地方标准，建立五常大米产业标准体系。同时，实行"生态保护红线、环境质量底线、资源利用上线和环境准入负面清单"的"三线一单"管控办法，筑牢顶级品质基础。

（三）强力整合，提升品牌。成立五常市稻米产业管理工作领导小组，推动行政职能、生产资源、销售渠道整合。建成指定官方网站，对全市大米生产加工企业、农民专业合作组织生产经营、溯源产品等信息公示。开展专项整治和清网行动，重点打击冒用地标、虚假宣传等违法违规行为。创新销售方式，推行可视化消费、定制式销售。在全国开设各类经销网点1700余个，年销售量约56万吨，占总量的80%；农户、企业、合作社等在电商平台年销售量约14万吨，占总量的20%。创新宣传方式，制定春种、秋收等每个周期的宣传方案，2017—2022年，各种媒体宣传五常大米2000多次，举办三届五常大米节，不断扩大国内外影响力。

（四）**内外兼修，提升标准**。集中打造"物联网+"示范基地56处，面积17.5万亩，建设农田气象监测、土壤墒情监测等系统，实时监测水稻生长态势、智能灌排等数据信息；建设农业物联网服务中心，开发水稻溯源、农业社会化、农产品电子信息、政务资源"四大服务平台"，打造高质量数字经济生态赋能平台。与新华网共建"溯源中国·稻乡五常"数字监管平台，以"物联网+区块链+大数据"先进数字技术为监管手段，以米企刷取专属稻农的水稻销售卡为基础，贯穿全产业链条溯源过程。整合财政及社会资金15亿元，高标准建设30万亩优质水稻种植区及高效稻米精深加工聚集区。

三、工作成效

（一）**聚集数字科技，延展智慧农业**。安装监测检测设备265处，覆盖面积35万亩，其中建设数字农业基地6.8万亩，全部实现智能化管理、精准化服务。水稻生育期内空气优良天数达100%。水田土壤有机质含量达到4%，五常大米优良品种覆盖率达100%，实现从田间到餐桌全程可视化溯源管理。

（二）**聚焦主导产业，打造产业集群**。培育稻米类农业产业化国家级龙头企业4家、省级龙头企业20家、规模以上稻米加工企业122家，全部实现无尘化加工、流水线作业，智能化、自动化应用率达80%。五米常香、十月稻田、乔府大院品牌占据"龙江电商好物榜"前3名，推动产业整体实现规模化、标准化、一体化、产业化发展。

（三）**发挥产业优势，助力乡村振兴**。发挥五常大米品牌优势，建设五常稻米文化博物馆、稻花香体验馆，发展稻乡观光游、种植体验游、龙江民居等乡村旅游项目。2023年全市休闲农业和乡村旅游营业收入达6.41亿元，采取"龙头企业+村经济合作社+农户"模式，实现大米全产业链从业人员达35万人，年带动农民增收8000余万元，销售收入9.5亿元以上。

黑龙江省黑河市嫩江市
深挖内涵强监管　古驿"北鹅"焕新颜

一、基本情况

嫩江市隶属于黑龙江省黑河市，地处黑龙江省西北部，位于松嫩平原连接大、小兴安岭过渡地带。全市共有耕地面积1158.7万亩，粮食年均产量40亿斤，是全国著名的麦豆主产区和重要商品粮基地，素有"北国粮仓"之美誉。近年来，嫩江市借区位之优、政策之优，倾力打造"北鹅"品牌，2023年大鹅孵化52.55万只，大鹅养殖规模户86户，全市养殖大鹅210万只，出栏170.45万只，实现产值1.7亿元。

二、主要做法

（一）目标确定，政策领航。嫩江市政府连续3年出台《嫩江市畜牧产业扶持政策》，加大鹅产业扶持力度，对大鹅产业孵化、养殖、出栏、屠宰加工、贷款贴息等给予全方位政策补贴。2024年将脱贫户养殖大鹅纳入补贴范围，助力

乡村振兴。积极争取省级大鹅产业集群项目，培育壮大龙头企业，打造精深加工产业链，推进标准化规模化养殖。为充分开发嫩江市鹅资源潜在优势，推动鹅产业高质量发展，制定《嫩江市鹅产业振兴行动方案（2023—2025年)》。

（二）强化监管，凝聚合力。市里成立大鹅产业专班，建立鹅产业发展部门协调机制，各级政府扛起主体责任，结合实际制定本区域鹅产业发展规划或实施方案，狠抓贯彻落实。进一步加强营商环境整治力度，不断加大对企业的扶持力度，实行企业处级领导包保制度、主管局派驻专职服务员制度。加强相关政策解读和宣贯，及时回应企业和社会关切，营造良好产业发展环境。市级各部门强化管理服务和要素保障，养殖规模场选址、电力接通、土地审批、大鹅出栏检疫、屠宰场污水处理方案设计协调、屠宰场屠宰检疫等一系列跟踪服务。制定并推行"北鹅"养殖、加工、销售的标准化流程，提升整体品质。建立完整的质量追溯体系，确保"北鹅"产品的来源可追溯、质量可保障。

（三）古驿"北鹅"，挖掘内涵。嫩江大鹅包含了悠久的历史文化色彩，从清兵入关的驿站文化开始，就对大鹅情有独钟；包含了浓郁的驿站饮食文化，行军打仗时背的铁锅，就地起灶，炖上农村养的大鹅，浓香而品美。充

分挖掘"北鹅"品牌背后的历史文化故事，不断提升品牌文化内涵和附加值。通过科学养殖、精细加工等手段，稳步提升大鹅产品的品质和口感。近3年来，"北鹅"品牌通过文化挖掘和品质提升，消费者满意度提升20%。

（四）渠道拓展，市场拉动。市政府充分发挥招商优势，定期进行市场调研，了解消费者需求和市场趋势，为产品开发和品牌策略提供数据支持，先后与双城庆龙孵化场、上海紫燕集团等鹅产业链中的各环节企业对接，打响"北鹅"品牌。引进安徽云燕食品科技有限公司，与鸿兴鹅业联手开发鹅屠宰加工项目。在抖音、快手、京东等线上平台，以及北大荒集团2000家门店销售，2023年"北鹅"品牌在线下渠道的销售额增长30%，线上渠道销售额增长50%，线上曝光量近2亿次。

（五）营销推介，促进消费。利用传统媒体和新媒体进行宣传300余次，提高"北鹅"品牌的知名度。举办或参与各类农产品展览、文化节等活动60余次，通过现场展示和体验营销吸引消费者，使"北鹅"品牌的社交媒体关注度增长60%。通过打折、赠品等优惠活动刺激消费者购买"北鹅"产品，"北鹅"品牌的复购率提升15%。

三、工作成效

（一）品牌体系建设成效显著。成功打造10余个"北鹅"系列名牌产品，涵盖卤鹅、鹅胗等产品。通过多项权威认证，如ISO质量管理体系认证、绿色食品认证等，确保了产品的高品质和安全性。随着"北鹅"品牌知名度提升，"北鹅"产品的销售额增长80%，市场占有率稳步提高，品牌效益显著提升。

（二）推动畜牧产业发展。"北鹅"品牌建设有力推动全市畜牧产业发展，带动了养殖规模的扩大和产业链的延伸，预计到2024年末养殖大鹅260万只，出栏230万只，总产值2.5亿元；屠宰350万只，屠宰产值4亿元；精深加工20万只，加工产值2560万元。

（三）联农富农成效显著。积极与农户合作，推动养殖业的发展，为农户提供更多的就业机会和收入来源。新增就业岗位500多个，月人均收入4500元，实现农户增收致富目标。

上海市嘉定区
"三品一标"筑基石 "马陆葡萄"更香甜

一、基本情况

嘉定区地处上海市西北郊，位于长江三角洲前沿。全区地势平坦、水网密集，可耕地面积16.47万亩。近年来，该区坚持科技引领农业生产的发展观，推进农产品品种推广、品质提升，培育上海都市现代农业精品。马陆葡萄自1981年开始种植，核心区域种植面积约4000亩，历经40余年发展，于2014年注册为地理标志证明商标。

二、主要做法

（一）优品优植，品种迭代丰富产品谱系。近年来，马陆葡萄种植团队一直重视品种选育工作，以马陆葡萄主题公园、研究所为龙头进行新品种、新技术示范引领。从最早的单一品种巨峰到粉红亚都蜜、奥古斯特等欧亚种引种，再到巨玫瑰、醉金香等品种扩种，再到夏黑、阳光玫瑰大面积推广，马陆葡萄至今已推出早、中、晚熟葡萄品种50多个，科研品种120多个。上市期长、品种丰富成为马陆葡萄产业的一大特色。

（二）统一标准，品质严选铸就口碑标杆。坚持"优质优价、精品高价"理念，马陆葡萄亩产从4000～5000斤降低到2000斤，并推广控产栽培、套袋技术和标准化生产。在标准化生产上，马陆葡萄做到不同品种葡萄穗长、粒数和果粒大小一致、糖度提高，实现亩优质果率达到80％。2023年，马陆镇农业农村服务中心通过集成推广绿色生产技术，加强合作社和种植户培训，实现绿色认证以上基地20家，面积达到2136亩，绿色认证率达到43.4%。在夏黑、巨峰、阳光玫瑰三个代表性品种的产品标准基础上，制定了《绿色食品 马陆葡萄生产技术规范》，从建园、架势与树形、土肥水管理、病虫害防治等多个方面对葡萄标准化生产进行了规范。

（三）科技赋能，品牌推广提升产业势能。马陆葡萄作为上海地产果品品牌，以地产地销模式为主，一到葡萄销售季节，上海市区消费者纷纷到马陆采购葡萄。通过微信小程序、盒马鲜生等线上平台，售卖正宗马陆葡萄。地域品牌加合作社品牌的"母子"品牌共生模式形成了一种"聚是一团火，散是满天星"的农业品牌特有模式。2022年，"马陆葡萄数字云平台"上线运营，以科技助力规范品牌授权管理。累计应用"一串一码"追溯标签370余万个，为正宗马陆葡萄提供身份证，实现线上一张图看全貌、线下一个码查真伪，从田间地头到美味餐桌全流程标准化。通过应用试点区块链，持续开展农业生产作业信息精准报，推动种源、生产、监管等全流程核心数据上链，探索基于农产品承诺达标合格证的"区块链+优质农产品"溯源应用。

三、工作成效

（一）马陆葡萄品牌价值持续提升。2023年，马陆葡萄成功申报农业农村部农业品牌精品培育计划，以及第一批农业高质量发展标准化示范项目，参与首届"长三角绿色优质农产品推广周"活动。经专家评审、技术机构测算、品牌评价发布工作委员会审定，马陆葡萄的品牌价值为2.78亿元。

（二）农文旅产业融合发展生机蓬勃。立足特色农产品的发展定位，依托乡村民俗和自然资源禀赋，连续举办23届马陆葡萄节等文旅活动，集聚马陆葡萄公园、宏泰园等全国休闲农业五星级示范园区，形成"一带一心两环三区"文旅空间结构，打造"乡村振兴游"线路，成功获评农业农村部"2021年中国美丽乡村休闲旅游行（秋季）精品景点线路推介"及文旅部"2023全国乡村旅游精品线路"。农旅文融合发展的画卷徐徐展开，带动果品的采摘、直销，大力发展特色农业、品牌农业、休闲农业，实现传统农业向精品休闲农业转变。

（三）产业兴旺带动农民增收致富。在保证产地直销和园区采摘外，积极拓展销售渠道，于2014年建立马陆葡萄网，2020年开展直播带货，2022年建立微信旗舰店，2023年尝试入驻东方购物、盒马鲜生等各类商超，实现线上、线下、采摘多渠道销售模式。近年来，通过与顺丰、京东、中国邮政、菜鸟裹裹等冷链物流公司合作，实现江浙沪"早上在树上，下午到餐桌"的新鲜果品体验，并将马陆葡萄销售范围从省内扩展至全国。2023年，马陆葡萄地理标志农产品保护范围内葡萄种植面积约7551亩，通过葡萄文化节等农文旅融合发展，马陆葡萄总产值超过1.77亿元，其中集中种植区面积约4052亩，产值1.07亿元，联农带农户达476户，产业效益持续提升。

聚焦"五化"促转型 "高邮大虾"火出圈

一、基本情况

高邮市隶属于江苏省扬州市，位于江苏省中部、里下河西缘。高邮大虾是该市特色农业产业，已有33年养殖历史。近年来，市委、市政府多措并举、持续发力，推动高邮大虾产业向生态化、科技化、园区化、融合化和品牌化方向发展，做强富有高邮特色的健康虾、品质虾、示范虾、网红虾和富民虾。2023年全市高邮大虾养殖面积8.93万亩，约占全国的1/5，全省的3/5；养殖户3200余户，年产量3.24万吨，亩产726斤，亩均纯效益超3100元。目前已形成包括苗种生产、饲料产销、渔药产销、渔需产销、设施建

设、捕捞运输和加工流通等完整的产业链条,全产业链总产值近40亿元,带动农村劳动力就业人数近10万人。

二、主要做法

(一)**聚焦生态化,做强健康虾**。制定印发《全市池塘标准化改造工作实施方案(2022—2025年)》《高邮大虾生态养殖实施方案》等政策文件,成立"高邮市池塘标准化改造工作领导小组",全面推进池塘标准化改造,并开展生态养殖技术服务指导,坚持全面生态转型。开展产品管理溯源服务,采集养殖、加工各环节数据并追踪,降低药残风险,建设质量检测中心,完善高邮大虾质量安全监管体系。

(二)**聚焦科技化,做强品质虾**。稳固种业优势,发挥江苏数丰水产国家级良种场的引领作用,建立产学研结合的育种创新联盟,着力攻破"虹彩病毒"等"卡脖子"病害问题,以种业创新能力促进养殖效率、产品品质提升。强化科技服务,会同高校、科研院所建立高邮大虾名师工作室、科技服务中心、检测中心和疾病远程诊断中心,提升高邮大虾产业基层科技力量。

(三)**聚焦园区化,做强示范虾**。编制《高邮市"四河四路"乡村振兴综合试验区总体规划》,在开发区、龙虬镇和三垛镇打造不同模式的高邮大虾生态养殖示范基地,推广纯大水低密度种草养殖、高位池轮捕轮放、高邮大虾小龙虾轮养等新型养殖模式,实现"好水养好虾"。升级高邮湖高邮大虾养殖基地智能投喂设备,推广无人机投饲、微孔增氧等科技化养殖管理模式,建设智慧渔业体系,实现基于大数据

的高邮大虾数字化养殖，促进生产节本增效。

（四）聚焦融合化，做强网红虾。成立高邮大虾行业协会和高邮大虾高质量发展服务办公室等专业服务机构，举办2期"高邮大虾节"系列活动，开展美食品鉴、寻味大虾等农业休闲旅游系列活动，推广以高邮大虾为主题的文创产品，促进一二三产融合发展。与盒马鲜生、南京金陵大饭店、王鲜记门店等知名企业合作，拓宽线上线下销售渠道，产品已在上海、南京等地热销。

（五）聚焦品牌化，做强富民虾。设计"高邮大虾"品牌logo，举办线下推介、线上直播系列活动，提升产品知名度和美誉度，推动高邮大虾美名传得更远、更响。建立健全保障机制，统筹制定农业强市行动方案及扶持政策，积极争取国家和省级政策资金支持，全力支持大虾产业发展，打造新的产业富民增收增长极。

三、工作成效

（一）品种培优，形成优质苗种供应链。全市现有高邮大虾苗种生产企业20家，其中国家级良种场1家、省级良种繁育场6家，每年可为高邮乃至全国养殖户提供近70亿尾高邮大虾虾苗，全市良种覆盖率达100%。2023年，江苏数丰水产种业有限公司培育的新品种"数丰1号"获农业农村部认定，实现高邮大虾品种认定零的突破，其生长快、抗病力强的优势广受养殖户欢迎。

（二）品质提升，铺就虾农养殖致富路。全市在养殖集中区打造了3处典型样板，推广"高位池轮捕轮放""两降一禁""种草养虾"等生态养殖模式3.5万余亩，引导养殖户实施生态养殖，大虾品质显著提升，售价也水涨船高，实现了从"论斤卖"向"论只卖"的蝶变，精品生态虾售价高达49元/只，经济效益持续提升，养殖户年均增收5万元。2023年，中国渔业协会授予高邮"中国生态大虾之都"荣誉称号。

（三）品牌创响，塑造高邮大虾新形象。高邮已创成"龙虬罗氏沼虾"

中国农产品地理标志，拥有"神鹭"等高邮大虾品牌20余个，正在打造"高邮大虾"区域公用品牌。央视《生财有道》栏目、《新华日报》和江苏省广播电视总台等主流媒体先后对高邮大虾产业进行宣传报道。在中国国际现代渔业暨渔业科技博览会优质水产品推介会上荣获"名优水产品"称号。

（四）标准化生产，开创规范养殖新局面。制定出台《高邮大虾生态养殖技术规程》和《高邮大虾》团体标准，为生态养殖提供标准示范，为大虾品牌标准化管理打牢基础，保障产品品质，实现大虾养殖尾水达标排放。建设标准化基地，搭建联农带农机制，实现企业与养殖户之间的风险共担、利益共享，基地内养殖户最低年收益8万元，典型村村集体年收入增加30万元以上。

江苏省泰州市靖江市
念好"制贯提"三字经
标准化绘就香沙芋新图景

一、基本情况

靖江市隶属于江苏省泰州市，位于长江下游。香沙芋是冲积平原的特有农产品，质地细腻、硬糯兼备、干香可口、粮菜兼用，素有"芋中板栗"的美称。目前，靖江香沙芋种植面积2.2万亩左右，年产量近3万吨。已成功注册"靖江香沙芋"地理标志证明商标，获评中国地理标志农产品。建成靖江香沙芋标准化生产基地，商品芋率达86.5%，优质芋率达63.7%，平均亩产1816.5公斤，总产值近3亿元，实现从"常"到"优"，综合生产能力持续增强。

二、主要做法

（一）强化政策支持，做好"育种蹲苗"。制定出台《靖江香沙芋地理标志农产品使用管理办法（试行）》，完善区域公用品牌建设运行机制，按照政府支持、企业运营的基本原则，形成分工明确、各司其职的体制机制。制定出台奖补办法，积极扶持靖江香沙芋品牌做优做精做强。培育香沙芋生产、经营龙头企业和专业合作社、家庭农场，引导企业与种植户建立长期、稳定、合理的利益联结机制，带动特优区内香沙芋种植户持续增收，保障种植户合理分享产业发展红利。

（二）注重技术攻关，做好"老树新枝"。建立香沙芋链式生产技术体

系，推广香沙芋和蔬菜立体高效复种模式，引进筛选生物有机肥料、全生物降解黑地膜等种植技术。实施"靖江香沙芋"生产种芋全面脱毒更新计划，对种芋携带茎干腐病原菌严重等问题进行针对性攻坚，已构建并逐渐完善脱毒种芋"三级扩繁体系"，每年可向种植户供应脱毒原种芋，五年内全市香沙芋生产基地用种将完成更新。

（三）推进按标生产，做好"插柳成荫"。建立靖江香沙芋种质资源库，"靖芋1号"通过江苏省农业农村厅认定，制定《靖江香沙芋品种标准》《靖江香沙芋药肥减量增效绿色生产技术规程》《靖江香沙芋全程机械化技术规程》等5个省市级地方标准和《靖江香沙芋品种特征》《靖江香沙芋种芋脱毒扩繁技术规程》2个团体标准。构建香沙芋品种选育、种植体系，推进绿色种植标准化示范试点建设，实现按标生产。充分发挥标准示范引领作用，着力保护和传承地方风味，形成品牌效应，推进香沙芋地标产品高质量发展。

三、工作成效

（一）产业链条日益完善。全面应用提纯复壮"靖江香沙芋"良种、起垄覆黑膜（全生物降解黑地膜）、机械化高效种植等标准化生产技术，实现亩产、商品芋率、种植效益等不断提升。高标准建设香沙芋标准化生产基地，完善全生育期在线监控和环境监控、网络管控设施，开展香沙芋全产业链数据管理，示范香沙芋绿色生态种植，不断提高种植生产效率，努力实现香沙芋产业发展智能化、精准化、集约化。高质量建设香沙芋加工产业园，注重精深加工与综合利用技术研究，发展芋块、芋片、芋粉、芋面等，稳步扩大香沙芋精深加工规模，延长香沙芋产业链，推进香沙芋加工增值出口创汇。

（二）联农带农持续增强。成立靖江市香沙芋产销协会，现有会员245名，辐射带动农户5000多户。协会对所有会员推出"五统一"措施，即统一技术培训指导，统一芋种供应，统一标准化生产，统一用药用肥，统一品牌销售。在周边城市设立总代理点，建立销售平台，改变了原先香沙芋生产布局零乱、销售不力，品质不保、种植户间恶意竞争的状况。组建香沙芋标准化生产农机服务队，开展全程生产机械作业服务，有效解决传统香沙芋种植用工多、劳动强度大的不足，降低用工成本，提高农民收益。

（三）产出效益显著提高。规范管理靖江香沙芋证明商标和地理标志使用，加强宣传推介，组织靖江香沙芋优质品牌整体推介活动，在绿博会、农交会等大型展会和商超、电商等平台进行推介销售，通过央视栏目、人民网、《新华日报》等媒体进行报道。依托现代物流和电子商务，发展香沙芋"互联网+"，创新营销方式，逐步提高电商销售市场份额，产业效益日渐显现。

培优良种　数字赋能
锻造渔业蝶变吴兴模式

一、基本情况

吴兴区隶属于浙江省湖州市，地处浙江省北部，与江苏省的苏州市、无锡市隔湖相望，总面积871.9平方公里，是国内重要的淡水水产苗种生产基地和淡水渔业主产区。全区水产养殖面积发展到9.4万亩，水产品总产量11.88万吨，渔业总产值28.8亿元，占农业总产值40%以上；年生产罗氏沼虾、大口黑鲈、鳜鱼等水产苗种超100亿尾。

二、主要做法

（一）**育繁推一体化，品种培优显成效**。依托浙江省淡水水产研究所、湖州师范学院、湖州市农业科学研究院等科研资源，开展水产种质资源普查，摸清全区水产种质资源家底。以"四化六高"为标准，强化种业企业的培大育强，现有省级育繁推一体化企业3家、省级种业阵型企业1家、省级渔业未来农场2家。在罗氏沼虾"南太湖2号"新品种选育模式和"种虾＋技术＋品牌"三合一成果转化模式成功的基础上，拓展繁育"优鲈3号"加州鲈鱼、"南太湖3号"罗氏沼虾、"申江1号"中华绒螯蟹、"太湖1号"青虾等名特优品种苗种，实现从种鱼选育到鱼苗繁育全程自主化生产和成鱼国庆节前上市目标，打破本省养殖户从外地引种的历史。

（二）**生态养殖模式多样化，品质提升再创新**。开展温室龟鳖清零专项行动，投入3亿多元，拆除龟鳖温室190万平方米，为优质水产苗种繁育腾出空间。大力改善基础设施和生态环境，全域开展养殖尾水治理，采用"三池两坝"尾水处理系统，实现养殖尾水达标排放。建设高标准生态智慧鱼塘，池塘规模化生产面积8万亩，占养殖总面积的85%。"稻渔综合种养＋循环水跑道养鱼"模式，获浙江省主要领导批示肯定，并作为农业高质量发展十佳实践案例在全省推广。

（三）**营销体系构建丰富化，品牌打造拓增收**。建设以"吴上兴鲜"为龙头的农产品营销"1+N"平台体系，培育"丰盛湾""渔大哥""庙港人""蟹临门""江南弘鑫"等一批水产品牌，采用参与全省农业品牌评比、"浙江农业之最"参赛等活动形式，提高吴兴水产种业品牌知名度，2023年获评2个"浙江农业之最"称号，恒鑫合作社太湖蟹获评浙江省"品字标"农产品，"织里鳜鱼"入选全国农产品地理标志，实现水产品网上销售额2.5亿元。

（四）**产业转型生态化，标准化养殖提集聚**。科学编制《吴兴区养殖水域滩涂规划（2017—2030年）》，以加州鲈、罗氏沼虾、翘嘴红鲌、鳜鱼等名

特优品种为优先发展品种，加快全区水域滩涂科学开发利用，为健康、绿色和高效水产养殖打好基础。全新打造罗氏沼虾种业创新发展核心区、翘嘴红鲌种质资源保护区、滨湖太湖蟹种业发展带、加州鲈种业发展带等"两区两带"水产种业繁育基地。研究出台《湖州南太湖毛脚蟹池塘生态养殖技术》《大口黑鲈池塘养殖技术规范》等操作规程，创新湖蟹与罗氏沼虾、鳜鱼共生的多营养层级混养模式。

（五）农产品监管智能化，芯动能锻造促蝶变。全区规模养殖主体全部纳入"渔业产业大脑"（浙农渔）应用管理，实现三项记录在线填报，农产品合格证在线开具，产品在线赋"浙农码"，产品供应信息线上发布。为渔业产业主体提供"码"上查询、预警、溯源、营销等服务，并进行动态管理，实现优品优价和增收致富。建成湖蟹产业大脑、未来农场数字化管理系统等多个平台，应用数字化智慧渔业技术，升级物联监测、视频监控和远程智能控制程序，实现24小时全天候智慧信息采集与监测，产、供、销、管理等数据上图，实现从基地到餐桌的全过程闭环监管。

三、工作成效

（一）"小种苗"长成大产业。实现水产苗种年繁育量接近100亿尾，产值达2.42亿元，其中罗氏沼虾、翘嘴红鲌等新品种苗种产量份额占全国第一，分别达60%和40%；加州鲈苗种产量份额占全省第一，达90%。苗种推广至四川、河北、河南、广西等地，推广养殖面积22万亩，带动养殖户增收超4亿元。

（二）"强基建"打造科创高地。实施科技强农、机械强农"双强"行动，累计投入各类资金近2亿元，将更多新技术、新品种、新模式、新业态引入产业建设，打造"渔大哥""丰盛湾"等一批数字种业创新园区品牌，探索并落地"移动数字工厂化养殖模型"，水产种业"两区两带"繁育基地已初显成效。

（三）"搭平台"聚新质生产力。依托"1+1+N"农推联盟等科研组织，通过整合产、学、研、推资源，已完成搭建淡水渔业高质量发展研究院等育种创新、成果转化平台，加快渔业新质生产力的发展，高品质打造全国有引领力、有知名度的淡水渔业人才集聚地、种业研发地、成果转化地和高效渔业示范地。

（四）"链产业"推动共同富裕。坚持"产业发展是关键、农民增收是核心"的理念，建立利益联结机制，带动村集体、养殖户、低收入农户共同增收。以"保底租金＋入股分红"方式联动村级集体经济发展"强村计划"，带动村集体增收404万元。依托"公司（合作社）＋养殖户＋基地"的"四个统一"运行机制，带动养殖户增收3168万元。通过"飞地认养""未来农场结对帮扶"等措施带动低收入农户352户，增收65.6万元。通过"南蟹北养""湖鲜疆养"等种业扶贫项目带动对口援建地区农民增收。

安徽省宿州市灵璧县
"三品一标"齐推进
蘑菇工厂带动产业振兴

一、基本情况

灵璧县隶属于安徽省宿州市，位于安徽省东北部，是粮油生产大县、畜禽养殖大县。近年来，灵璧县深入践行大食物观，立足农作物秸秆和畜禽粪污资源优势，以食用菌为枢纽，以"三品一标"行动为抓手，促进食用菌产业提档升级、提质增效，推动食用菌产业高质量发展。2023年，全县食用菌种植面积为1950亩，鲜菇年产量2.6万吨，产值2.2亿元，全产业链产值超10亿元，成为皖北规模较大的食用菌集散地及全国双孢菇生产基地。

二、主要做法

（一）加强组织领导，完善工作机制。立足资源优势和产业基础，以秸秆基料化和饲料化利用为突破口，以食用菌产业为枢纽，着力构建植物、动物、微生物"三物循环"绿色产业体系。成立食用菌产业发展工作专班，把食用菌产业发展纳入《灵璧县"十四五"国民经济发展纲要》《灵璧县"十四五"乡村产业发展行动方案》等，明确目标任务和发展思路，并写入每年县委一号文件和政府工作报告，列入县政府重点调度工作清单，建立完善食用菌产业发展高效调度和推进机制。

（二）强化科技引领，推动品质提升。聘请安徽省农业科学院、安徽农业大学专家、教授18人，组建1个省级、3个市级科技食用菌产业特派团，为食用菌产业提供技术支撑。支持引进双孢菇工厂化栽培模式，研发商品基料产业化应用技术、智慧方舱秀珍菇"菌丝后熟培养+爆发性出菇"技术等。组织引导70余家食用菌经营主体成立食用菌产业协会，常态化开展技术培训、交流合作，发掘培育本地食用菌"土专家"30余名。推行订单发展模式，向菇农供应4万吨商品基料、1000万袋菌包，免费提供技术指导，提升栽培技术水平，实现量质齐增。

（三）培育龙头企业，引领标准化建设。3年来，累计统筹3.09亿元财政资金，撬动3.5亿元社会、金融资金，在杨疃、虞姬、向阳等镇建设规模化基地23个，示范带动全县食用菌规模化、标准化、工厂化、机械化水平的提升。采用荷兰标准化种植技术，实现周年化、智能化、数字化生产。依托示范区，推行工厂化基料产业化应用模式，向菌农供应商品基料，带动农户投资建设标准化温控大棚，实现小农户与现代菌产业快速有机衔接，加速传统种植模式转型升级。

（四）加强政策保障，激活发展动力。印发《灵璧县加快食用菌产业发展的实施意见》，在全省率先出台食用菌产业发展专项奖补办法，在菌种场、菌棒厂、拌料场和食用菌加工厂建设以及标准化基地建设、贷款贴息及担保费用、品牌培育等方面予以奖补。2022—2023年，兑现奖补资金1334万元，营造良好的产业发展氛围。积极招引省外企业来灵投资，吸引一批灵璧籍青年返乡创业。根据产业发展实际需求，遵循"进出平衡"原则，统筹用地指标保障食用菌重点项目用地需求。

（五）宣传推广品牌，促进融合发展。注册"虞菇"公共商标，申报全国"名特优新"农产品，开展有机食品、绿色食品认证。鼓励企业积极参加上海、杭州、合肥等地的农交会，农产品进食堂等活动，以及利用各类媒体，广泛宣传灵璧食用菌品牌。以产业强镇项目和预制菜产业园项目建设为重要抓手，建设食用菌烘干冻干车间、腌渍车间，开发双孢菇、草菇等冷盘、油炸配菜等预制菜品种，延长产业链条。借助"三八节"、丰收节等活动，举办削菇大赛、蘑菇烹饪大赛，做响灵璧食用菌品牌，促进三产融合发展。

三、工作成效

（一）品种加快更新。加强与安徽省农业科学院合作，成功培育"皖羊肚菌1号"和"皖羊肚菌2号"2个新品种。引导宿州中煜生物科技有限公司从美国施尔丰引进适宜工厂化栽培的"A15双孢菇菌种"，指导安徽薹苑生物科技有限公司引进"台秀57秀"珍菇品种，提升良种覆盖率。新建2个一级菌种、3个三级菌种生产基地，提升专业化、工厂化优质基料和菌包供应水平，食用菌良种覆盖率近100%。

（二）品质显著提升。推广应用双孢菇工厂化栽培技术，每平方米双孢菇产量从10公斤提高到30公斤，一级菇比例从10%提高到80%；推广应用秀珍菇智慧方舱"菌丝后熟培养+爆发性出菇"技术，单包出菇量达300克，一级菇比例超过90%，2023年全县羊肚菌平均亩产超300公斤。新品种、新

技术的推广应用，加快促进食用菌量质齐增。

（三）**品牌影响扩大。**"灵璧双孢菇""灵璧羊肚菌""灵璧秀珍菇"已入选全国"名特优新"农产品名录，重点生产企业均获得有机食品或绿色食品认证，绿色、有机食品获证产品占比超过77%。同上海、杭州和南京等商

超、代理商达成稳定合作关系，带动全县80%鲜菇销往长三角地区，双孢菇加工产品出口欧美，双孢菇基质出口韩国。

（四）**联农作用突出**。坚持"发展一项产业、带富一方百姓"，把工厂化生产、专业化菌包基料加工与小农户发展相结合，通过订单、服务、就业，带动12000余户小农户参与食用菌产业，户均实现增收2万元。

安徽省黄山市徽州区
"三茶"统筹强品牌　擦亮黄山毛峰名片

一、基本情况

徽州区隶属于安徽省黄山市，区内现有茶园面积5.2万亩，是中国十大名茶——黄山毛峰原产地和核心产区。近年来，徽州区全面实施茶园绿色防控，建设黄山毛峰茶产业大脑，打造"三化"示范茶园，全力推进茶文化、茶产业、茶科技"三茶"统筹融合发展。2023年，全区茶叶产量2675吨，产值3.05亿元，综合产值17.52亿元。

二、主要做法

（一）强化政策支持，打造品牌发展引擎。先后制定出台《徽州区茶产

业高质量发展实施方案》《关于提升全域茶园病虫害绿色防控水平打造全域茶叶无农残区的实施方案（2022—2025年)》，通过建设高标准茶园、培育经营主体、实施全区茶园病虫害绿色防控、延伸产业链条等措施，着力打造全域茶叶

无农残区，助力茶产业高质量发展。年均落实财政奖补资金200余万元，鲜叶抽检合格率达100%。

（二）**深化龙头引育，壮大公共品牌队伍**。聚力茶产业赋能，深化龙头企业引育，通过政策倾斜、项目支持，培育和引进一批规模较大、实力较强、辐射带动能力突出的黄山毛峰茶企。全区拥有农业产业化国家重点龙头企业1家、省级农业产业化龙头企业4家、市级农业产业化龙头企业11家、茶叶专业合作社47家、茶叶家庭农场54家、小型茶叶加工厂50余家。

（三）**加强市场监管，提升品牌形象管理**。组织市场监管、农业农村等部门对茶叶市场实行常态化、动态化监管，指导茶企根据《限制商品过度包装要求 食品和化妆品》（GB 23350—2021)、《黄山毛峰茶包装管理办法》、《黄山毛峰茶证明商标使用管理规则》和《黄山毛峰富溪产区茶团体标准》等进行自查自纠，规范黄山毛峰茶包装和地理标志产品证明商标的管理，提升黄山毛峰品牌影响力和综合竞争力，推动黄山毛峰茶品牌高水平保护、高质量发展，年均开展执法行动40次，出动执法人员200人次。

（四）**探索科技赋力，增强品牌发展后劲**。优化茶生产技术，建设徽茶优势特色产业集群，新建和改造黄山毛峰连续化、智能化、清洁化生产线9条，建设新式茶饮生产线1条，研发原味茶饮产品1种。实施改善生产设施条件和发展农产品深加工等项目，扶持茶叶新型农业经营主体10家，落实补助资金130万元。依托区内龙头企业开展加工技术研发，谢裕大茶叶股份有

限公司参与研发的"绿茶自动化加工与数字化品控关键技术装备及应用"科技成果,获2020年度国家科学技术进步奖二等奖。

（五）深挖文化内涵，打造徽茶品牌高地。结合地域农业特色,推行"茶叶＋文化＋旅游"多元化发展。绿茶制作技艺（黄山毛峰）入选国家级非物质文化遗产代表性项目名录。连续举办16届黄山毛峰茶文化节,展示徽州茶香魅力。建成茶叶博物馆2家,茶旅结合景区（基地）4个,茶叶农家乐27家、"田园综合体"2家,打造吃、住、游、购、娱等一条龙特色旅游茶产业,茶文旅年均接待游客人数200万人次,茶旅研学收入超1亿元。

三、工作成效

（一）品牌全面打响。培育中国驰名商标4件、省著名商标7件,中华老字号2个。培育国家级非遗传承人1人、省级3人,绿茶制作技艺（黄山毛峰）入选国家级非物质文化遗产代表性项目名录。

（二）品质全面提升。实施全域茶园绿色防控,聘请黄山市海关每年对茶叶鲜叶、干茶产品定期检测,连续4年农残检测指标国标达标率100%,茶叶品质全面提升。制定发布《黄山毛峰富溪产区茶团体标准》,核心产区茶产品标准统一。初步构建黄山毛峰茶产业大脑,规范黄山毛峰茶标识发放管理,实现产品信息可查询、可溯源。

（三）效益全面增长。产业主体进一步壮大,新培育规模以上茶企2家、市级龙头企业以上茶企3家。产业链条不断完善,新增原味茶饮料和新式茶饮生产线各1条。联农带农更加紧密,订单农业带动茶农8401户。

福建省三明市建宁县

抓质量　树品牌　建宁种业开新局

一、基本情况

建宁县隶属于福建省三明市，地处福建省西北部，位于武夷山脉中段。1976年开始发展杂交水稻制种，2013年被列为国家级杂交水稻种子生产基地，2015年"建宁水稻种子"成功申请国家地理标志证明商标，形成"北张掖、南建宁"两大主要农作物种子品牌格局。近年来，建宁县围绕"稳基地、育龙头、打品牌、延链条、强保障"目标定位，深入实施种业振兴行动，全县杂交水稻制种面积稳定在15万亩、产量3500万公斤以上，占全国总产量的10%以上。

二、主要做法

（一）**强化政策保障，严格把控质量**。**高位谋划推进**。成立建宁县种业高质量发展工作领导小组，研究编制《福建省建宁县水稻制种大县发展规划（2021—2025年）》，明确种业发展方向。**健全管理机制**。不断完善杂交水稻种子生产基地管理办法、杂交水稻种子生产矛盾纠纷排查调处办法、杂交水稻制种田间质量监控检验程序等一系列管理办法，有效提升基地管理水平。**细化扶持政策**。出台《杂交水稻种子育繁推一体化企业培育项目实施方案》《建宁县水稻制种大县投资补助项目管理实施细则》等，支持本地种业企业、合作社等，聚力科研制种、生产加工、仓储包装、扩大销售等全产业链发展。

（二）**强化科技支撑，深化社会服务**。**推进转型升级**。推广烤烟房烘干种子技术，建成专业化种子区域服务站16个，制种耕种收综合机械化率达83.66%，位居全省前列。**强化试验示范**。建立省级种子区域试验站，与福建省农业科学院开展"院县合作"，成立水稻种子产业研究院。与上海市农业科学院开展"沪明合作"，建立"建宁专家工作站""节水抗旱稻工作室"，聚力种业"卡脖子"联合技术攻关。**健全认证体系**。在全国开展种子生产全过程质量认证，强化过程管理的标准化质量保证体系，实现"好品种"到"好种子"，做大做强建宁杂交水稻种子品牌。

（三）**健全管理体系，强化品牌保护**。**健全基地监管机制**。建立县、乡（镇）、村三级制种基地巡查制度、制种主体信用评价制度，发布诚信红黑名单，提升制种监督与管理能力。**构建企业种子质量控制体系**。对标国际种子检验协会质量控制指标要求，细化种子生产加工技术规程、操作工艺和质量标准，强化信息采集和档案管理。制定完善种子生产基地管理办法等相关制度，成立种子协会，规范行业质量管理。**加大管理执法**。严格执行杂交水稻种子基地管理责任书，在全县开展市场监督检查、产品抽样检测，严厉打击涉种违法行为。加强知识产权保护，持续净化种子市场环境，保证市场健康发展。加大涉种业案件执行力，切实维护企业和农户合法权益。

（四）**加大宣传力度，扩大品牌影响**。**宣传方式多元化**。建设以种子为主题的建宁五子展示馆、建宁稻种主题公园等，支持本地种业企业在大小包装袋上推广使用"建宁水稻种子"国家地理标志证明商标。**打造研学基地**。依托建宁县国家现代农业产业园，打造教学研学基地，2022年以来，接受各类采访、调研、考察、研学达500批次10000人次，加大新闻媒体宣传力度，提升全国杂交水稻制种县的知名度。**积极参加业内活动**。支持制种企业通过参加或举办种业推介会、博览会等方式，加大品牌宣传力度，常态化举办中国稻种基地发展大会，加强建宁国家级杂交水稻种子生产基地示范带动作用，扩大影响力。

三、主要成效

（一）**优化营商环境**。2022年以来，公布诚信黑名单3批、4个企业、2名个人，提供种业法律咨询、诉调对接等司法服务341件次，办理涉种业案件164件，累计执行到位款项941万元。切实维护种业从业者的合法权益，吸引国内近百家企业入驻建宁备案生产，有力促进了种子行业健康有序发展。

（二）**助力农户增收**。培育本地种业企业30多家、专业合作社55家，其中5家种业企业取得福建省农作物种子生产经营许可证（B证），累计拥有自主知识产权品种86个，培训制种经纪人389名、高素质农民1200多名，带动2.35万户农户增收，制种成为全县农民增收致富的主导产业。

（三）**品牌影响扩大**。全县年生产（试制）品种超400个，产量超3500万公斤以上，第一产业产值超6亿元。以建宁为中心，辐射带动闽赣两省八地（市）发展杂交水稻种子生产近70万亩。目前，建宁水稻种子遍布中国南方16个省份水稻主产区，并出口到菲律宾、越南等东南亚和安哥拉等非洲国家，年出口量达600多万公斤。

江西省赣州市宁都县
集群打造　品牌赋能
续写"宁都黄鸡"新传奇

一、基本情况

宁都县隶属于江西省赣州市，位于江西省东南部、赣州市北部，总面积4053平方公里。宁都黄鸡是江西省优良地方畜禽品种、江西省三大地方鸡品牌之一。经过多年发展，宁都黄鸡已形成规模化、组织化、品牌化、产业化链条，2023年宁都黄鸡年出栏达1亿只，总产值35亿元，产业就业人数达到2万多人。

二、主要做法

（一）**政策扶持，优化发展保障措施。**对原种场长期保种存栏3万套以上，核心保种群保种方法按家系等量随机选配法，组建100个家系和新认定的新品种、配套系，对其进行奖补；对取得种畜禽生产经营许可证的宁都黄鸡扩繁场，如无重大疫病、抽检记录良好，保种系谱等资料齐全，达到"两白"净化标准的，给予奖补；对获评星级的冷链物流企业和企业新建冷冻库、购置冷藏设备，投资额超1000万元的进行奖补；对国家、省、市级农业产业化龙头企业或合作社、创建绿色优质标准化生产示范基地的企业进行奖补。近年来，全县累计发放黄鸡产业各类奖补约200万元，为宁都黄鸡全产业链健康可持续发展注入强劲动力。

（二）**强种扩繁，提升种群繁育科技水平。**通过建立自然保种区，形成由原种场提供种苗、扩繁场提供种蛋、孵化厂生产商品鸡苗的良种繁育体系。宁都黄鸡扩繁种鸡规模140万套、存栏105万套、孵化机384台。制定宁都黄鸡生产技术标准、宁都黄鸡肉鸡生产技术规程、宁都黄鸡育雏技术规程、宁都黄鸡饲养环境标准、宁都黄鸡选种标准等7个技术标准及规程。建设宁都黄鸡自然保种区1个、宁都黄鸡原种场1个、宁都黄鸡一级扩繁场5个、二级扩繁场5个、存栏种鸡85万套，年提供优质鸡苗9000万羽。

（三）龙头带动，加大市场主体培育力度。培育农业产业化国家级龙头企业1家、省级龙头企业4家，注册成立宁都黄鸡生产经营企业21家、黄鸡专业合作社74家（其中部级示范专业合作社1家、省级示范专业合作社3家），建设麒麟禽业有限公司、鑫龙食品有限公司等2个黄鸡标准化生产基地，形成"公司+基地+养殖户""合作社+基地+养殖户""公司+合作社+基地+养殖户"等多种生产经营模式。大力推广"七个一"生产发展模式，即一户农户、选一片山地、加盟一个合作社（公司）、建一个黄鸡养殖场、管护一片林（果）木、实现100万元产值、获得10万元利润。

（四）延链补链，提升精深加工能力。推动江西省惠大实业有限公司与中国农业科学院、江西省农业科学院合作，开展宁都黄鸡配套试验。鑫龙食品有限公司投资2000万元建成年屠宰加工能力1000万黄鸡屠宰加工厂，屠宰加工厂占地6400平方米，建设屠宰加工线2条、熟食加工线1条、速冻库80立方米、冻库380立方米、保鲜库160立方米，配置冷链运输车2辆，年屠宰加工宁都黄鸡300多万只，初加工产品有冰鲜鸡，精深加工产品有三杯鸡、

盐酒鸡、烘干鸡等，年产值达1.3亿元。

（五）品牌赋能，积极拓宽黄鸡市场份额。宁都黄鸡在广东、福建及本市（县）建立销售网点15个，鲜活产品已销往广东广州、河源、梅州、兴宁、龙川、韶关，福建宁化、龙岩、漳州、厦门、三明、福州、邵武和南昌等地市，设立直销档口30余个，其中广东市场占72%、福建市场占19%、其他市场为9%，主要采取冷链配送、短途货运、门店直供等物流方式向客户提供产品。宁都黄鸡在厦门"菜篮子"工程中被列入首推产品，在上海被誉为是"美味鸡""会上树的鸡"，受到广大消费者的青睐。"宁都三杯鸡"入选《中国名菜词典》。

三、工作成效

（一）产业综合效益不断提升。形成自然保护区、原种场、扩繁场、种蛋孵化和商品鸡生产销售的"育、繁、推""产、供、销"一体化产业链。生产模式完善，形成"公司+基地+养殖户""合作社+基地+养殖户""公司+合作社+基地+养殖户"等比较成熟的生产经营模式，带动5000多户农户从事宁都黄鸡养殖。

（二）联农带农效益不断凸显。通过企业、合作社提供"五统一"服务

（鸡苗、饲料、药品、技术、保价回收销售），95%以上的规模养殖户均加盟到企业、合作社，通过订单合同或合作生产，每出栏1只黄鸡盈利2～3元。部分农户进入企业、合作社务工，年工资在5万～6万元。全县24个乡镇联结规模养殖户3160户，产业就业人员达2万余人，从事黄鸡产业中每户增收3万～4万元。

（三）品牌辐射效益不断增强。近年来，宁都黄鸡先后被评为江西省著名商标、江西农产品"二十大区域公用品牌"，通过农产品地理标志登记保护，荣获"全国名特优新农产品"称号。品牌优势助推黄鸡销售发展，陆续在广东省梅州市、河源市、东莞市和省内的南昌市、赣州市等地开设直营店，与广东、福建、江西的市（县）近百家畜禽经销商建立长期稳定的经销合作关系，品牌价值不断提升。

江西省赣州市上犹县
抓标准　抓科技　上犹高山出好茶

一、基本情况

上犹县隶属于江西省赣州市，地处罗霄山山脉南端，气候温和湿润、雨量充沛、无霜期长、四季分明，境内海拔1000米以上的山峰14座，水系发达、河湖众多，土壤有机质含量高且富含硒元素，适宜茶树生长，所产"上犹高山茶"具有"香高、味醇、色翠、汤绿、形美"的特点。全县现有茶园面积11.5万亩，年产量3100吨、产值4.7亿元。

二、主要做法

（一）抓标准化生产，让产业更聚集。**高度重视，高位推动。**把茶叶作为农业首位产业推进，成立由县长任组长，县委、县政府各一名分管领导任副组长的绿色有机农业产业发展领导小组，出台《上犹县整县推进绿色有机农业发展实施意见》，制定《上犹县农业生产"三品一标"提升行动实施方案》，分解28个具体工作任务，推动生产标准化和生产技术转化应用，明确每年安排县财政资金1000万元用于茶产业发展。**科学规划，合理布局。**因地制宜，科学规划茶叶基地布局，打造"一带三圈五基地"（一条茶叶产业带、三个茶叶产业圈、五大茶叶基地）。建立茶叶"三品一标"示范区，提供检测、认证、绿色防控、绿色农资和风险信用评级等服务，推动标准化生产；每年发展规模茶园基地6000亩以上。**培育龙头，强化奖补。**积极引导企业申报全国有机食品原料（茶叶）标准化基地

及全产业链基地，鼓励企业申报"三品一标"认证，对申报成功的主体采取"先创建后补助"的方式进行奖补。**优化品种，提高品质。**新建茶园全部采用无性系茶树良种，引进推广安吉白茶、中茶108、黄金芽等新品种，种植面积达2.45万亩。对低产低质茶园全面采取改土、改树、改园等低改措施。

（二）抓品牌打造，让名片更响亮。**让好产品"亮出来"。**借助科研机构、驻点单位宣传展销优质农产品，在北京、深圳、南昌等地设立绿色产品专柜，在县内景点景区建设绿色有机农产品展示厅14个。利用新媒体、网络直播等线上营销方式建立立体营销网络，带动茶叶等农产品销售额1.77亿元。**让好产品"立起来"。**实施达标合格农产品亮证行动，落实"区块链溯源＋合格证"企业信息、生产记录、检测结果、巡查巡检"四必链"，让合格证信息更丰富、更全面，让消费者放心购买。**让好品牌"树起来"。**实施品牌建设工程，积极引导县内茶企使用"上犹绿茶"公共品牌，提升品牌价值。上犹绿茶获得地理标志认证并入选江西农产品"二十大区域公用品牌"，品牌价值达6.5亿元，"上犹高山茶"入选全国"名特优新"农产品名录。全县共有"上犹高山茶"等全国"名特优新"农产品及绿色、有机认证产品88个。支持茶企积极参加国内外茶博会、茶交会、茶文化节、茶产品展销等活

动，提高"上犹高山茶"知名度。

（三）抓科技赋能，让资源变资产。**开展专业技能培训**。充分结合科技入户、测土配方施肥和农村劳动力转移培训等项目，针对性地加强茶农实用技术培训，提高生产者的专业素质和生产技能，提升茶叶产品品质。培育壮大人才队伍，培养"一村一名大学生""农业农技定向生"等茶叶专业人才20名，农村科技茶叶带头人200名，为茶叶产业发展提供人才支持。**产学研充分结合**。与江西农业大学、浙江大学、江西省农业科学院等科研院校建立合作培养计划。设立茶产业"博士工作站"，聘请博士专家到田间地头为茶叶产业把脉问诊，解决实际问题。依托农业大讲堂平台，大力宣传茶叶病虫害统防统治、化肥减量增效等绿色高效生产技术，建设病虫绿色防控示范面积7000亩，推广测土配方施肥技术面积1万亩。**建立标准体系**。制定上犹绿茶等地方标准5项、"江西绿色生态"团体标准1项，帮助茶企获得发明专利12项。

三、工作成效

（一）优质优价势头强劲。以"上犹高山茶"公用品牌为指导的企业品牌、产品品牌有机融合的品牌体系已经建立，涌现出"峻岭茗豪""五指红茶"等优等优质产品品牌，入驻京东等电商平台和入选粤港澳大湾区产品12个，市场份额不断提升，同期增收1700万元以上。

（二）茶产业链不断延伸。全县已形成集育苗、种茶、制茶、销售于一体的茶产业链，实现茶叶从种植到采摘、从生产到包装、从销售到饮用的全过程全覆盖。

（三）联农带农解就业难题。成功探索"茶叶专业合作社+企业+农户+基地"等模式，辐射带动农户种茶制茶或从事相关工作，解决就业岗位6000个，1500户村民户均年增收2万元。

（四）茶旅融合成为新业态。将红色文化、自然景观、茶文化相融合，形成集生态景观、农业观光、采茶体验于一体的生态旅游产业带，有力推动全县生态旅游蓬勃发展。梅水乡园村探索集茶叶生产、技能培训、乡村旅游于一体的发展模式，年均接待游客20万人次，旅游综合年收入逾1000万元。

山东省临沂市临沭县
推行白羽鸡标准化生产
打造百亿级产业集群

一、基本情况

临沭县隶属于山东省临沂市，位于鲁苏两省交界处，因濒临沭河而得名，总面积1010平方公里。近年来，临沭县大力发展白羽肉鸡等优势特色产业，积极完善鸡苗孵化、饲料生产、肉鸡养殖、屠宰、肉食加工等全产业链条，目前全县已拥有白羽肉鸡孵化场1家，年孵化雏鸡1.3亿只，养殖企业45家，其中规模以上企业29家，年出栏量9000余万只，产值22亿元。同时，打造畜禽养殖、加工类省市级农业产业化龙头企业10家，从业人员1万多人，白羽鸡产业总产值达100多亿元。

二、主要做法

（一）推行标准化生产技术，提升现代化养殖水平。编制临沭县《白羽肉鸡笼养配套技术集成与应用》，规范鸡场建设选址布局、鸡舍设计及内部设施安装、关键饲养技术、鸡场管理、卫生防疫、环境控制等，通过开展畜禽养殖技术培训、系统大比武大练兵等活动，宣传推行标准化、自动化、智慧化、集约化养殖生产技术。全县规模化肉鸡养殖企业普遍采用国内先进的3～4层立体笼养技术和电脑自动化控制，配套空气能自动控温设备、料塔自动上料设备、湿帘自动控湿设备、粪带自动清粪设备等自动化设备，通过IBS智能养殖系统，可实时监控鸡舍存栏量、日龄、温度等数据，实现自动

化管理，综合机械化率达到98%，人均养殖4万～5万只，部分肉鸡场单人养殖7万只。应用人工智能养殖环境控制技术，通过红外热成像禽体温度监控系统，实现棚舍最佳环境控制和实时禽病预防预警，通过未来牧场监控管理平台（FFM）养殖管理平台、家禽智慧养殖物联网大数据平台，实现实时报警、专家诊断等线上服务。养殖场全部配套使用传送带自动收集鸡粪便，依托畜禽粪污整县推进项目建设14个畜禽粪污处理中心，集中发酵处理用于生产有机肥。通过打造畜禽养殖、有机肥生产、绿色种植农牧循环生态农业发展模式，全年可处理畜禽粪污约72万吨，生产有机肥40万吨。

（二）强化招商引资，完善产业链条促进融合发展。研究出台白羽肉鸡产业专项政策，加强产业招商力度。引进亚洲最大父母代肉种鸡养殖企业，年孵化鸡苗1.3亿只，处于全国鸡苗良种繁育领先水平。改造提升肉食深加工企业1家，年销售收入3亿元以上。强化白羽鸡种苗孵化、深加工产业链条打造，组织企业积极参加畜牧博览会、培训会、行业论坛、考察交流等活动，促进上下游企业对接合作，支持龙头企业推进畜禽产品加工工艺升级，通过自建、联建、订单、协议等方式，推动养殖基地与屠宰加工及商超对接，建立稳定的产加销联结机制，推进产业融合发展。建立健全农业农村部门牵头、相关部门参与的特色产业发展项目管理机制，谋划储备一批产业项

目，做好指导服务工作，逐步完善全产业链条。

（三）加强政策扶持，扩大产业规模。连续3年制定出台《临沭县乡村振兴农业产业发展引导奖补资金政策》，安排农业特色产业发展专项资金，加强对特色产业园区、标准化基地建设及农业品牌创建等方面的扶持力度。召开金融贷款助力畜牧业高质量发展暨白羽肉鸡产业链建设对接座谈会，积极拓宽融资渠道，撬动社会资本投入，吸引国内外企业投资，支持白羽鸡产业做大做强。通过协调对接，成功解决因资金问题搁置的日屠宰15万只白羽鸡加工企业和肉类产品深加工企业建设资金问题。同时，加快"临沭白羽鸡"区域公用品牌建设，积极申报全国"名特优新"农产品、"山东省知名农产品"品牌。依托"产自临沂"区域公用品牌创建平台，加大宣传推介，树立"临沭白羽鸡"品牌形象，打造品牌农业。

三、工作成效

（一）实现产业集群健康发展。全县拥有年可孵化1.3亿只鸡苗生产企业

1家，养殖企业45家、年出栏肉鸡9000多万只，饲料生产企业8家、年产饲料30万吨，屠宰加工企业2家、年加工能力5.6亿只，鸡肉深加工企业2家、年产鸡肉制品5万多吨。探索建立"种鸡孵化—肉鸡养殖—肉鸡屠宰深加工—冻品储存—熟食加工销售"智能养殖产业链，打造"饲料加工—肉鸡养殖—粪污收集—有机肥生产—生态观光农业种植"农牧循环模式。

（二）实现循环农业深度融合。大力发展"白羽鸡养殖—有机肥生产—种植业利用"种养结合模式，将各环节产生的废料作为下一环节的资源，实现"种养结合、农牧循环、资源高效利用、生产清洁可控、区域种养业废弃物零排放和全消纳"，推动白羽肉鸡产品层层升级，形成农业、牧业废弃物生态循环，促进绿色、环保、循环发展。

（三）实现特色农业产业振兴。以发展白羽鸡产业为重点，示范带动猪、牛、羊、鸭等畜禽养殖和种养结合循环农业的发展，全县围绕蓝莓、柳编、地瓜、土豆、食用菌等特色农业产业，推动形成"东莓西柳北瓜南豆，中部食用菌，全域白羽鸡"的特色农业产业发展格局，推动乡村产业快速高质量发展。

山东省烟台市莱州市
发展壮大制种产业
"小种子"为粮食安全保驾护航

一、基本情况

莱州市隶属于山东省烟台市，位于胶东半岛西北部，陆域面积1928平方公里，海域面积1690平方公里，常住人口82.5万。近年来，莱州市不断加强品种繁育和推广，初步形成以玉米种业为核心，大白菜、小麦种业为特色，涵盖粮食、果蔬、畜禽等多个门类的现代种业体系。截至2023年底，全市累计通过各级审定（或登记）农作物品种551个、品种权保护293项，全国累计推广良种面积超过15亿亩，创造社会经济效益1500余亿元。

二、主要做法

（一）**强化政策支持**。积极争取省农业良种工程、科技型中小企业创新能力提升、烟台市"北方种谷"建设等项目，近3年累计安排财政补贴资金3550万元，用于新品种选育和育种能力提升。对种业发展中做出突出贡献的人员优先安排参加职称评定、成果奖励和专家评审，对于引进的国内外高端种业人才，每月补贴2000元，购房一次性补贴10万元，确保高端人才引得来、留得住。

（二）**加强科技支撑**。先后与中国农业大学、山东省农业科学院、山东农业大学等大专院校和科研院所建立长期稳定战略合作关系，组建优势农作物"产学研、政企推"全产业链联合攻关育种团队10余个，为种业产业发展注入科技动力。创建6个国家级科研创新平台、6个省级科研创新平台、6个

烟台市级科研创新平台、5个科企联盟，拥有院士工作站1处、博士后科研工作站1处，有效推动科研育种攻关。打造顶尖人才领头、研发人才协作、一线人员强基育种人才发展梯队，全市共有各类农业种业育种人才1200余人。建立种业人才资源"图谱"，包括李登海在内的15名市内专家、王天宇院士在内的32名市外专家坐镇莱州，为种业产业发展把脉问诊、建言献策。

（三）推进良种培育。培育的6个玉米品种，入选全国20个"荣誉殿堂"玉米品种，占比达到30%。先后培育"登海605""登海618""金海5号""金来05"等适应性好、产量高、综合品质强的优种良种。"登海605"被列入《农业农村部2024年农业主导品种名录》，年均推广种植面积达700万亩，增加收益7亿元。建立小麦常规育种与分子育种相结合的育种模式，利用高通量测序和分子标记技术，综合选育抗病、抗旱和综合育种性状协同改良新种质。其中，"登海206"被确认为苗头型优良品种，年均推广种植面积达200万亩，增加收益2亿元。此外，成立企业甘薯脱毒繁育工程技术研究中心，培育甘薯种薯种苗扩繁基地6000多亩，"金海美秀""金海汀甜"两个甘薯新品种入选山东省鲜食型甘薯指导推荐品种，年销售种苗1.1亿株。

（四）发展种业集群。建设玉米、小麦、蔬菜等农作物育种的核心区15平方公里，打造以玉米育种为主的"金色"基地，辐射带动全市农作物育种业加快发展。同时，以品种展示示范为抓手，打造省级、市级、县级品种展示示范点4处，年均展示新品种300个。突出种业企业梯次精准培育，依托21个种业企业，提升壮大骨干企业规模，形成集种子科研、生产、推广、销售为一体的全产业链发展体系。

三、工作成效

（一）品种选育成效突出。近3年来，莱州市年均新增农作物新品种40个以上，获得品种权保护20个，培育农作物新品种数量和质量均居全国县级市前列。

（二）良种推广面积不断扩大。莱州市种业企业年均制种面积保持在15万亩，良种年推广面积达到3500万亩以上。莱州玉米良种全国累计推广面积超过15亿亩。建成全国最大的苹果种质资源库。年推广甘薯脱毒原原种薯1000万公斤，脱毒种苗2亿株以上。年推广大白菜良种面积100万亩以上。

（三）企业竞争能力持续提升。全市3次刷新全国冬小麦最高单产纪录，登海种业股份有限公司先后2次刷新世界夏玉米单产最高纪录、7次创造我国夏玉米单产最高纪录，金海种业有限公司率先突破"同一地块小麦玉米周年亩产突破两吨粮"，销售推广面积占比全国逐年上升，2023年玉米种子销售推广面积约占全国种植总面积的10%左右。

（四）带动农户增收致富。创新联农带农激励机制，采取"种子企业＋合作社＋农户"等利益联结机制，年均小麦制种面积2万亩，带动2000余户增收200万元以上。全市优良品种覆盖率99%，每年带动全市农户增收1200余万元。

强品种　建基地　提品质　黄河岸边稻花香

一、基本情况

原阳县隶属于河南省新乡市，地处豫北平原，黄河滩区面积占全省总面积的31%。全县常年粮食种植面积165万亩，主要种植水稻、优质小麦等，粮食产量稳定在14亿斤以上。近年来，原阳县委、县政府高度重视农业生产"三品一标"工作，坚持政策引导、主体培育、典型带动、企业联动，有力提升县域经济效益、生态效益、社会效益。

二、主要做法

（一）加强组织领导，增强政策保障。 成立以县政府副县长为组长，县农业农村局局长为副组长，政府办、发改委、农业农村局、财政局、市场监管局、生态环境局等成员单位组成的农业生产"三品一标"领导小组，建立工作台账，压实部门责任。建立县、乡、村监督管理和技术推广服务体系，细化农业生产"三品一标"工作督导考核，明确责任人，定期晒进度、晒成绩、晒效果，形成上下一心、齐抓共管的强大合力。2022—2023年县财政累计投入资金245.55万元，用于支持农业生产"三品一标"发展。

（二）强化科技赋能，推广优良品种。 与当地农科所合作，组建水稻产业科技特派员服务团，开展种业科学、智慧农业等关键核心技术研究攻关，做强中原种业"芯片"。开展水稻优质品种引进、繁育和推广，近年来先后引进推广水稻新品种新丰2号、新科稻31等水稻新品种3个，实现水稻新品种、品质、产量同步提升，累计推广 15 万亩以上。依托中原农谷开展水稻新品种品鉴推介，布设黄淮海区域 58 个新品种品比试验，筛选高产优质水稻新品种。组织开展"万名科技人员包万村""科技壮苗行动"等培训与服务，遴选县级技术骨干 10 人、乡级技术骨干 6 名、村级技术员 32 人，健全县、乡、村三级绿色食品生产技术服务体系，定期深入田间地头，对新品种试种开展技术指导。

（三）落实标准规范，推进绿色生产。创建原阳县全国绿色食品原料（水稻）标准化生产基地 4 万亩，落实全程质量控制各项标准及制度。依托农民专业合作社和农业产业化龙头企业，推广土地流转、农业生产托管等服务模式，实施农业生产社会化服务，实现"统一优良品种、统一生产操作规程、统一投入品供应和使用、统一田间管理、统一收获"的"五统一"生产。按照绿色食品水稻生产技术规程，规范化推广深耕、冬灌、黄板、杀虫灯等农业防治、物理防治技术，推广植保无人机、自走式喷药机等服务措施，统防统治和绿色防控覆盖面积达 4 万亩，年推广配方施肥、有机肥替代 8 万亩次，测土配方施肥技术实现创建区内全覆盖。按照"集中连片、合理规划、规模发展"的原则，统一绘制基地图，建立基地信息管理档案，印制《原阳县绿色食品原料标准化生产基地农户手册》，切实规范基地管理。

（四）完善执法监督，提升农产品品质。建立健全食用农产品合格证和质量安全追溯等制度，督促和引导农产品生产企业、农民专业合作经济组织、重点农产品生产基地建立农产品质量安全检测点，进行产品检测和产地准出，督促农产品生产者落实质量安全控制措施。建设农产品（食品）质量安全监管追溯平台，加大农产品生产记录推广，逐步实现农产品在生产、收购、储藏和运输环节可追溯。由县农业农村局、市场监管局牵头，依托乡镇农产品质量安全监管办公室和村级农产品质量安全监管员，抽调 10 名相关人员组成工作监管队伍，形成县、乡、村三级监管体系，实现从生产、收获到销售各环节的全程质量管控。

三、工作成效

（一）**绿色主体加快培育**。大力培育原阳县旺盛种植专业合作社、新乡市水牛稻农业开发有限公司、原阳县八素米业有限公司、原阳县翠翠莲藕种植专业合作社和原阳县利众种植专业合作社等5家绿色食品企业，年种植绿色水稻1.2万亩，带动全县中小农户标准化生产5万亩，生产绿色食品认证产品（大米）5500多吨。

（二）**农业品牌发展壮大**。深入实施绿色兴农、品牌强农战略，培育原阳金八素、水牛稻、黄河稻夫、稻鳅香等大米品牌20多个。举办大米文化旅游节、大米展销会、稻米博览会、科技论坛、美食体验、民俗展演等一系列活动，2023年签约经济合作项目15个，投资4500万元以上。

（三）**农产品品质不断提升**。近几年，经稻米品质监督检测测试中心检测化验表明，原阳稻米长宽比、透明度、直链淀粉含量、蛋白质含量等8项指标均达到国家优质米一级标准，品质晶莹透亮、软筋香甜、香味纯正，富含硒等微量元素，营养成分丰富，深受广大消费者喜爱。

湖北省咸宁市赤壁市

标准化赋能品质升级
重振"赤壁青砖茶"老品牌

一、基本情况

赤壁市隶属于湖北省咸宁市，地处湖北省东南部、长江中游南岸，总面积1723平方公里。近年来，赤壁市立足茶资源优势，不断挖掘茶文化，发展壮大茶产业，全面推进茶产业链标准化生产，促进茶产业高质量发展。截至2023年底，全市茶园16.5万亩，年产量7.4万吨，产值67.8亿元，全产业链产值达到171亿元。全市茶企162家，其中农业产业化国家重点龙头企业1家、省级龙头企业6家，在全国大中城市累计设立专卖店500余家，"赤壁青砖茶"公用品牌价值达到48.26亿元。

二、主要做法

（一）**全链条推进标准化生产**。联合高校院所和茶业科研单位，聚焦"种、产、管、品"全链条全过程标准化建设，制定完善种质资源、茶园管理、生产加工、等级评定、茶艺技术等104项系列标准，涵盖种植、加工、包装、仓储、物流、销售等全环节。连续出台四轮茶产业奖补政策，对参加国家级、省级"赤壁青砖茶"标准制订的单位给予10万元、5万元的奖补。

（二）**全域推广绿色生产技术**。坚持绿色标准化，建成有机茶园3800亩、绿色防控茶园5万亩、智慧茶园500亩、高效生态茶园1万亩、全程机械化茶园5万亩，改造低产茶园1.7万亩。辐射带动周边县（市、区）45万亩优质原料基地，形成60万亩规模的老青茶生产基地，老青茶原料年产量10万吨。

（三）**全方位推进科技创新赋能**。应用国家重点研发计划"茶叶智能化加工及茶制品应用关键技术研究与示范"项目，生产"赤壁青砖茶"精深加工产品。探索应用"青砖茶新型清洁化发酵和陈化技术"，开展"赤壁青砖茶的降尿酸降血脂作用及机制研究"，明确"赤壁青砖茶"功能功效。建设数字陈化仓，引领黑茶发酵技术新标准。

（四）**全渠道打造品牌延伸广度**。坚持品牌标准化应用，发布"赤壁青砖茶"公用品牌管理办法，36家茶企被授权使用"赤壁青砖茶"品牌。推动跨界、多链合作，研发"虾茶之恋""茶鱼饭后""陈皮青砖"等"茶+"新产品上市。每年举办10场次展销推介活动，推动设立"赤壁青砖茶"宣传牌及品牌门店。授权使用"赤壁青砖茶"商标企业在国内一、二线城市以及边疆城市开设销售门店。截至2023年底，已在全国大中城市设立600余家营销窗口。

三、取得成效

（一）**标准应用提高效能**。全市162家茶企执行应用"赤壁青砖茶"系

列标准，茶企平均能耗降低15%，自动化、数字化、智能化装备应用率提高20%。新建一套集成无尘自动化复制加工设备，产能由年产5000吨提升到10000吨。

（二）**绿色引领促进品质提升**。建成湖北省黑茶产品质量检验检测中心，落实"四个"最严格食品安全措施，实施"四个"不留监管要求，所有出厂产品做到批批检，建立全过程质量安全溯源体系。截至2023年底，茶园良种覆盖率71.5%、综合机械化率98%、畜禽粪便综合处理率100%，化肥减施30%，化学农药减施70%，毛茶原料农残100%达到欧盟标准。

（三）**科技创新赋能产品升级**。建设清洁化、数字化的初制、精深加工生产线，新建标准化车间15个、清洁化智能化生产线18条、黑茶智能化加工生产线1条，应用30余项创新成果，推进创新产品便捷化、时尚化、功能化、清洁化，研发适应新型消费市场的茶衍生产品36类160多款，改变了赤壁青砖茶"一块板砖走天下"的固有印象。

（四）**品牌打造提升知名度**。积极融入"一带一路"建设，"赤壁青砖茶"先后两次代表湖北茶在外交部蓝色大厅向全球推介。入选第二批"中欧地理标志保护名录",获得"欧盟通行证"。连续举办十届"一带一路"赤壁青砖茶产业发展大会,"万里茶道"列入《中国世界文化遗产预备名单》,羊楼洞砖茶文化系统入选中国全球重要农业文化遗产预备名录,赵李桥砖茶制作技艺被录入"世界非物质文化遗产"保护名录。

（五）联农带农作用突显。与省内6个县市茶叶主产区联营应用"赤壁青砖茶"原料初制加工技术,联动茶农3100户,年收购合作区优质原料8500吨,带动户均增收6000元。大力推进一二三产业融合发展,建成中国青砖茶博物馆、AAA级羊楼洞茶文化生态产业工业园、中国青砖茶未来实践展示馆和青砖茶大数据中心,推进"茶+文化""茶+旅游"等行业融合发展,年实现茶文化旅游85万人次以上,创收6亿元。建立联农带农机制,运用共同缔造理念和方法,带动从业人员3.8万人、农户8000多户,户均每年增收1.8万元。

湖北省荆门市京山市
实施农业生产"三品一标"行动
让京山桥米香飘万里

一、基本情况

京山市隶属于湖北省荆门市，位于湖北省中部，是江汉平原大粮仓。京山桥米早在明朝嘉靖年间就被御定为贡米，是国家地理标志保护产品。近年来，京山市围绕桥米产业，以品种培优、品质提升、品牌打造和标准化生产为抓手，推进"京山桥米"国家地理标志产品保护示范区和绿色稻米产业集群建设，促进京山桥米走向高端化、品牌化、特色化。2023年，京山桥米种植面积46万亩，产量23万吨。现有产业链企业50余家，产业链综合产值突破160亿元。

二、主要做法

（一）**突出统筹谋划，强化政策带动**。**加强组织领导**。成立由市政府主要负责同志任组长的农业生产"三品一标"提升行动领导小组，组建有68个会员单位的京山市桥米协会以及桥米产业发展中心，明确责任分工，分解建设任务，制定作战时间表，上下联动、多方协同。**强化政策支持**。制定出台《京山市支持农业产业发展十项政策》《京山市"一袋米"工程暨京山桥米产业发展指导意见》等支持文件。**突出要素保障**。市政府出资1000万元设立"涉农风险补充基金"，省农担公司放大20倍进行担保，重点支持率先推进农业生产"三品一标"的各类新型经营主体。

（二）**强化科技支撑，加快品种培优**。**提纯复壮保良种**。建设桥米原种繁育100亩和良种繁育基地1万亩，在海南省建设南繁基地50亩，对"鉴真2号""鄂中5号""洋西早"等桥米品种采用"三圃"法进行提纯复壮。**科研创新育新种**。与华中农业大学等科研单位开展合作，推进新品种试验筛选、品种抗性改良、桥米增香和基因标识等技术攻关，培育具备基因标识的"京山桥米"原种专利，支持龙头企业开展降糖等功能性水稻技术育种攻关。**科技赋能控品质**。建设数字化农业示范基地，搭建田间物联网系统，建立大数据平台，通过数字化技术对水稻生长环境实时监测。建设和升级现代化工厂，配备先进智能生产和仓储设备，通过13道严苛工艺，把控桥米品质。

（三）**强化基地建设，推进按标生产**。**标准先行抓生产**。制定《地理标志产品 京山桥米》湖北省地方标准、《京山桥米生产加工操作规范》《京山桥米种植技术规范》等2项荆门市地方标准和《京山米》1项团体标准，加快构建京山桥米标准体系。**基地打造促提升**。扶持新型经营主体开展万亩优质稻绿色高质高效基地创建，通过"企业+合作社+农户"的模式，统一订单合同、种植技术、农药化肥、种子供应、质量收购，开展测土配方施肥、绿色防控、农民培训、农机服务、智慧农业等农业托管服务。**培育主体促发展**。积极培育龙头企业、合作示范社和农业产业化联合体，推动各类新型农

业经营主体按标生产。京山现有粮食加工类龙头企业23家，构建形成以国宝为龙头，京和、八方为支撑，泰昌、金牛、京天、绿丰、京正5家骨干企业为主体的"1+2+5"绿色稻米产业集群。

（四）强化市场监管，推动品牌打造。唱响区域公用品牌。借助央视全力推介"京山桥米"公用品牌，举办春耕节、丰收节、年味节等节庆活动，入驻湖北优质农产品展销中心、京东等多家线上线下展销平台，建设京山桥米文化展示中心，开展京山稻作文化系统申遗工作。**维护品牌形象。**制定《京山桥米地理标志专用标志管理办法》，建立专用标志档案，定期向社会公布地理标志产品信息。出台《关于共同建立地理标志与区域品牌暨知识产权保护联络机制的意见》，开展联合维权打假活动，维护京山桥米品牌形象。**开展质量追溯。**依托国家农业绿色发展先行区和省级农产品质量安全县，建立农产品质量安全智慧监管平台，消费者可通过手机扫描二维码，查询产品种植、生产、检验检测情况，实现从田间到餐桌全程可追溯。

三、工作成效

（一）**种业创新成果显现。**获批院士专家工作站1个，建成省级企业技术中心1个、产学研基地1个、省级科研合作平台4个，获得京山桥米品种自主知识产权，年产"京山桥米"种子315万公斤以上，满足京山桥米50万亩的换种需求。富硒、控糖等功能性桥米新品种相继问世并投入市场。

（二）**桥米品质不断提升。**京山桥米荣获"全国十大好吃米饭"称号，销售渠道遍布全国，在全国中高端大米市场上的份额占比超过5%，省内占比超过60%，昔日御米走进寻常百姓家。食养米、稻米饮料、精炼稻米油等桥米加工食品成功研发投产，深受市场好评。

（三）品牌影响日益提升。京山桥米入选全国十大大米区域公用品牌，"京山桥米、香飘万里"在全国叫响，品牌价值达415亿元。京山稻作文化系统入选中国重要农业文化遗产。"京山桥米"知识产权保护案被列入中国法院50件典型知识产权案例和湖北法院十大知识产权司法保护典型案例。

（四）基地规模不断扩大。拥有1万亩桥米原粮核心区、10万亩桥米原粮示范区和50万亩桥米原粮辐射区，建成优质稻绿色高质高效基地3万亩、万亩连片基地7个、数字化基地2个3000亩，带动农户20万户以上，年助农增收10亿元以上。

湖南省益阳市桃江县
"五个引领"助力竹产业拔节向上

一、基本情况

桃江县隶属于湖南省益阳市，地处湘中偏北、洞庭尾闾，是中国竹子之乡、全国最大的复水笋生产加工基地和集散地。近年来，桃江县以实施农业生产"三品一标"提升行动为引领，加快推进"五个引领"，推动笋竹产业强基提质加速发展。目前，全县拥有竹林面积115.6万亩，笋竹种植基地19万亩，立竹总量2.56亿株，楠竹蓄积量居湖南第一、全国第三，笋竹产业综合产值达到155.21亿元。

二、主要做法

（一）突出政策引领强保障。成立由县政府分管领导任组长的竹笋产业"三品一标"提升行动工作领导小组，组建首席专家团队和竹产业发展服务中心，确保工作落实落地。出台《桃江县促进竹旅文体康产业融合发展的激励措施》等政策文件，每年安排1000万元财政资金、整合5000万元项目资金支持笋竹产业发展。推出"笋竹e贷"金融信贷产品，工商银行总授信额度5000万元。出台《桃江县事业编制紧缺（急需）人才引进办法（试行）》，每年安排20万元专项经费用于产业人才、科技培训，确保人才"引得进""育得好""用得活""留得住"。成立桃花江竹产业研究院，推动产学研用深度合作，已获各类专利251个，其中国际专利2个、发明专利77个。

（二）突出技术引领优品种。聚焦选育材用林、笋用林、纸浆林等竹类良种，创新培育观赏竹、景观竹，优化雷竹笋等笋食品资源，强化种质资源保护和改善楠竹品种多样性。编制系列笋竹两用林培育宣传手册、PPT和视频，编著《毛竹笋培育技术》，不断提升竹林生命力和生产力的实用技术。现有4处种质资源培育基地，拥有11属30多个竹品种，建成笋用林示范基地12.8万亩。

（三）突出绿色引领提品质。积极推广施用有机肥、病虫害统防统治等绿色技术，全县竹笋种植基地化肥利用率达43.5%、农药利用率达45.0%，促进竹笋绿色低碳生产。推广"畜—沼—竹笋"复合生态循环农业模式，鼓励支持有机肥厂、养殖场与竹笋基地合作，消纳竹笋壳、边角料等剩余废弃物，促进种养业生态循环发展，全县竹笋废弃物资源化利用率达100%。将

物联网、大数据等技术与竹笋产业绿色发展结合，建设县级标准化生产智慧监管平台，相关数据直接导入湖南省农产品质量安全追溯系统，构建竹笋资源环境生态监测预警体系，全县92%的竹笋产品实现可追溯。

（四）**突出市场引领树品牌**。充分利用直播带货、展会、推介会等各类形式拓宽销售渠道，产品销售覆盖国内和东南亚地区。全县有竹笋品牌25个。建立竹海旅游区和竹文化博览馆，每年举办招商推介会，2024年上半年在杭州市举行"浪漫桃花江·竹乡遇见美"湖南·桃江竹旅文体康产业融合发展招商推介会，现场签约项目10个，引资约10.4亿元。

（五）**突出标准引领增效能**。制定《桃江竹笋生产技术规程》和12项企业生产规程或标准。竹笋标准化种植规模占82%，标准化加工规模占90%。实施"三类技术人员"建设"三级基地"战略，由县组织科技特派员对口帮扶县镇村三级笋用林示范基地建设，建成联农带农示范基地113个，扩面1.1万多亩。年均培训笋农15000人次以上，推广笋竹两用林基地实训措施、毛竹摇梢等技术，通过精细抚育、科学采伐，竹笋品质不断提升。

三、工作成效

（一）**产业更全**。聚焦竹笋产业升链、延链、补链、强链，实施绿色体系构建工程，打造绿色产业生产体系和产品体系，全县拥有17大类、400多个品种的产品，年产竹材4000万根以上，鲜笋产量突破2亿斤，基本实现全竹利用，笋竹全产业链发展水平不断提升。

（二）**主体更多**。构建"一园五区多点"发展布局，形成以传统加工为基础、精深加工为核心、循环利用为辅助的笋竹产业链群。累计培育笋竹生产加工企业248家，其中农业产业化国家级龙头企业1家、省级7家、市级10家。2022年以来，全县先后签约引进涉及笋竹产业项目30个，其中亿元以上项目5个。

（三）**品质更高**。全县竹笋种植基地化肥利用率达43.5%、农药利用率达45.0%，竹笋废弃物资源化利用率达100%。竹笋产品连续3年质量安全监测合格率均达到100%，竹笋加工产品认证绿色食品27个、有机食品2个，绿色、有机食品认证比重达到45%，地理标志授权使用比重达到55%。

（四）**品牌更响**。"桃江竹笋"获得国家地理标志证明商标和国家农产品地理标志登记，产品包装标识、名称、赋码实现三统一。打造"竹聚缘"等15个"大而优""小而美"的绿色优质产品品牌，"竹缘林科""壹方山水"等企业品牌享誉省内外。

湖南省郴州市资兴市
强链固基　提质升级
东江鱼"游"向全国

一、基本情况

资兴市隶属于湖南省郴州市，位于湖南省东南部，人口38万。近年来，资兴市依托优质水资源和省专家试验站平台，创新设施渔业模式，优化养殖品种，推进农业生产"三品一标"提升行动，东江鱼产业走出一条苗种繁育、特种养殖、水产品加工和渔旅融合的现代渔业高质量发展道路。2023年，东江鱼养殖面积达到20.5万亩，产量达到3.7万吨。

二、主要做法

（一）**高位推动促发展**。**强化规划引领**。相继出台水域滩涂养殖规划、东江湖流域生态渔业发展规划等文件，将全市划分为南部大水面增养殖区、东部设施渔业养殖区、北部池塘精养区，优化区域布局，为东江鱼高品质发展提供规划引领。**强化组织领导**。成立由市委、市政府主要领导为组长的东江鱼产业发展领导小组，每年定期召开专题调度会议，明确发展工作重点。**加大政策扶持**。将东江鱼确立为"一县一特"特色产业，制定东江湖禁捕退捕和网箱退养渔民转产转型扶持办法等政策，每年整合各类涉农资金6000万元以上，统筹支持东江鱼产业发展。

（二）**科技赋能强基础**。**注重品种选育**。联合科研院所开展高抗性草鱼选育技术联合攻关，重点培育银鱼、三角鲂、翘嘴鲌、虹鳟、杂交鲟等优质特色鱼类，引进异育银鲫"中科5号"、合方鲫2号、长丰鲢等优良品种，示范推广28570亩，每年东江湖增殖放流鱼苗达2000万尾以上。**注重科技攻关**。依托食品加工产业园、大数据产业园、省渔业发展专家工作站、省水产养殖试验站、省水产加工试验站等"两园三站"科技平台，强化科技攻关，先后取得鲈鱼养殖水源净化处理装置、大批量油炸鱼生产加工预处理装置等养殖加工专利69项，企业研发资金占比达7.3%。**注重人才培育**。全面整合渔业培训资源，以视频教学为重点，以技术讲座为依托，以科技下乡为支点，全面推进全市渔业技术培训系统化发展。近3年，累计开设水产养殖加工技能培训班48期，共培训5600余人次。

（三）**标准引领提品质**。**规范体系标准化**。成立资兴市东江鱼行业商会和养殖协会，制定推广东江鱼标准养殖生产技术规程等湖南省地方标准，实现从种苗繁育、兽药饲料、疾病防控、生态养殖、鱼制品加工等全过程标准化生产。**养殖基地标准化**。积极探索丘陵山区设施渔业养殖模式，形成工厂化流水养殖技术成功经验，全力打造农业农村部水产健康养殖示范区，示范区基地实行智能化增氧、精准化投喂、生态化防治、可视化监管和达标化排

放"五化"智能控制技术。**质量监管标准化**。搭建农产品质量安全信息管理平台，开展农产品质量追溯、信用评价、等级管理等工作。全市220家规模以上渔业生产加工企业全部纳入国家农产品质量安全追溯管理信息平台。

（四）**把准需求拓市场**。**树立品牌意识**。出台《资兴市培育农业大品牌推动农业高质量发展三年行动方案》，重点培育"游水三文鱼""雄霸东江""东江1号"等一批市场前景好、产品质量优的东江鱼产品品牌。**拓展销售渠道**。与兴盛优选、盒马鲜生、零食很忙等大型商超达成供销协议，在长株潭、粤港澳等经济发达地区设立直营店42家，创建粤港澳大湾区"菜篮子"优质农产品生产基地34个，东江鱼系列产品年销售收入超5亿元，鲟鱼、鳗鱼等产品远销日韩、东南亚等地区。**做好融合文章**。围绕坚持农旅融合、以渔促销，定期举办东江湖鱼文化节、三文鱼文化节等活动节会。把渔业与工业旅游有机融合，推进一二三产业融合发展，提升综合效益。

三、工作成效

（一）**产业链条不断延伸**。新建东江鱼鱼制品自动化流水生产线25条，

106

全市从事东江鱼制品加工的企业达30余家，其中农业产业化国家重点龙头企业1家、省级3家、市级6家。开发鱼子酱、速冻产品、休闲食品、预制菜等120个系列产品，畅销全国，鲟鱼子酱成为欧美市场"新宠"。

（二）**产业基地不断提质**。新建设施渔业养殖基地30个、面积20万平方米，工厂化设施养殖面积增加10.25倍，其中4000平方米以上的规模基地达12家。创建国家级水产种质资源保护区1个、国家现代渔业种业示范场1家、国家级水产健康养殖和生态养殖示范区1个，拥有一批鳗鱼设施渔业基地、鲟鱼子酱加工基地。

（三）**产业助农更加紧密**。东江鱼产业已发展带动农户2.6万人，户均年增收10万元。特别是工厂化流水养殖平均投资收益率在30%，部分特色养殖品种甚至超过100%，成为资兴市农村经济发展、农民增收致富的主导产业。

（四）**产业效益更加突显**。"东江鱼"先后取得国家地理标志保护产品、湖南省区域公用品牌、湖南名牌产品等荣誉，"东江1号""东江福""良美东江湖"等湖南省著名商标21个。2023年，东江鱼全产业链实现综合产值近30亿元。

广东省清远市清城区
搭建"清远鸡+"平台
助推品牌价值新跨越

一、基本情况

清城区隶属于广东省清远市，位于广东省中部，总面积1296.3平方公里，是清远麻鸡核心产区和发源地之一。近年来，清城区按照"以清远麻鸡种业为主导产业，以完善清远麻鸡全产业链为重要任务，以建成具有国际竞争力的清远麻鸡种业产业园为根本目标"的总体思路，着力加强品牌建设和品牌赋能，全力打造独具魅力的清远麻鸡产业集群，助力打造清远鸡百亿产业。2023年，清城区清远鸡出栏2318.6万羽，肉鸡存栏595万羽，种鸡存栏约106.6万羽，清远鸡产业综合产值达88.62亿元。

二、主要做法

（一）以种业新科技引领品牌新变革。**深化产学研合作**。先后与10所高校、科研机构开展产学研大联合大协作，围绕育种、繁育等核心技术科研攻关，以科技夯实品牌基础。**强化核心种群建设**。建成全市唯一的国家级清远麻鸡原种场、粤北地区规模最大的蛋鸡养殖场，建有国家肉鸡核心育种场、国家肉鸡良种扩繁推广基地、清远麻鸡健康农业科技示范基地。**推动智慧种业建设**。依托云计算、大数据、人工智能等技术，建立清远麻鸡智慧种业大数据平台，实现清远麻鸡种业从传统模式向智能化跨越式发展。

（二）以拓展新市场塑造品牌新形象。**搭建"清远鸡+粤菜师傅"平台**。

以清远鸡等特色农产品为原料,挖掘清远鸡特色饮食文化,打造清远鸡"一桌菜"。**搭建"清远鸡+电商"平台。**设立清远鸡电商平台公众号,与天猫、有赞等30多个电商平台合作,借助抖音、快手等平台开展垂直销售和邀请网红达人带货。深化与京东、广东电视台等合作,将清远鸡纳入京东"湾区生活馆"销售平台。**搭建"互联网+实体连锁店"新零售模式。**构建供销流通服务体系,新建9家"供销便民店"。

（三）以构建新矩阵擦亮品牌新招牌。**深挖品牌新内涵。**以"清远好风土"和清远鸡公用品牌为基础,设计"天赋好食材 地道清远鸡"等宣传口号。设置清远鸡文化馆、清远鸡展示馆等展销平台。组织企业参加广东省农产品博览会、中国国际农产品交易会等宣传推广活动。**讲好品牌新故事。**打造美食文化名片,先后举办"寻味清远鸡"短视频大赛、清远鸡预制菜擂台赛等品牌宣传活动。打造四级媒体矩阵,从清远鸡历史起源、演变等方面系统介绍清远鸡,发布相关文章80余篇。

（四）以强化政策引领完善要素保障体系。**加强规划引领。**结合清远市打造清远鸡等五大百亿农业产业发展规划,制定配套的清远鸡、预制菜发展规划,从组织保障、人才支撑、资金支持、用地扶持等方面支持清远鸡产业发展。**强化财政支持。**制定专项发展资金、新增债券转贷资金等政策文件,跨部门统筹涉农项目,保障基础设施建设。**强化金融服务。**为辖区内养殖企业（户）购买养殖保险,实现清城区现代农业产业园的实施主体保险购买全覆盖,保额已超1亿元。定制"清远鸡产业贷",解决企业生产资金困难。**强化人才支撑。**出台引进培养高精尖缺人才等政策,筑巢引凤吸纳人才。建成清城区农技推广服务驿站,打造省级以上研发平台16个,为农技推广人员、乡土专家提供技术交流平台和创新孵化基地。

（五）以构建新体系保障产品质量安全。**深化兽药残留问题治理。**扎实开展食用农产品"治违禁 控药残 促提升"联合治理三年行动。建立辖区清远鸡生产主体监管名录,制定监测工作方案,加大生产用药指导和巡查检查力度,开展监督抽查和专项风险监测。**构建承诺达标合格证工作全程协作机**

制。多部门联合印发《关于做好查验食用农产品承诺达标合格证有关工作的通知》等文件,构建全程协作机制,全面推行承诺达标合格证制度。**加强追溯管理**。建设清远鸡溯源管理平台,开展追溯体系建设技能、追溯平台应用使用培训,扩大智慧农安及合格证App应用覆盖面。

三、工作成效

（一）**品牌影响力不断扩大**。清远鸡是广东省唯一上榜农业农村部发布2022年十大禽畜优异种质资源的品种,是粤东西北地区唯一入选全国农业品牌精品培育计划,清远鸡产品获评首届地理标志产品广货手信节"广货好手信",12个企业品牌入选"粤字号"农业品牌目录。"盐焗清远鸡"入选全国首批预制菜全产业链标准化试点项目。

（二）**品牌溢价能力不断提升**。依托国家现代农业产业园建设,通过举办清远鸡品牌创新发展宣传推广系列活动,多维度提升清远鸡知名度和影响力,将清远鸡打造成兴村富民的百亿产业,为清远市推进乡村振兴和落实"百千万工程"提供支撑。

（三）**联农带农机制不断完善**。采用"公司+农户""公司+合作社+农户"等多种产业化服务联合模式,带动6000多户农户增收,每户年新增收入5000多元。通过"土地流转+保底分红"方式带动3815户农户增收,通过订单农业带动24703户农户增收,通过股份合作方式带动46134多户农户增收。清远鸡养殖农户与龙头企业或合作社建立利益联结机制占比达61%,带动村集体经济收入增幅9.8%。

广西壮族自治区桂林市永福县
创机制　强品牌　罗汉果变身"小金果"

一、基本情况

永福县隶属于广西壮族自治区桂林市，位于广西东北部，全县土地面积2806平方公里，总人口29.1万。永福县素有"福寿之乡"的美誉，是罗汉果原产地和主产地，全球70%的罗汉果聚集在永福生产、加工、销售。2023年，全县罗汉果种植面积达15.26万亩，产果18亿个以上，全产业链产值超100亿元，带动产业人口约4.5万人。

二、主要做法

（一）强化政策支持，提供有力保障。编制《永福罗汉果品牌策略规划》《永福县罗汉果产业五年发展规划》等规划性文件，明确永福罗汉果近、中、长期品牌发展方向和目标。制定《永福县加强永福罗汉果品牌建设实施方案》《永福罗汉果地理标志运用促进工程实施方案》《永福县农产品展销和品牌创建项目工作方案》等政策性文件，累计安排各类资金1.12亿元，全力推动永福罗汉果品牌建设。

（二）强化标准体系，提升产品品质。制定地理标志产品永福罗汉果国家标准和地方标准，《罗汉果质量等级》国家标准，《绿色食品 罗汉果生产技术规程》等地方标准和规程，创建罗汉果绿色食品标准化生产基地24个，面积达60000余亩，绿色认证率70%以上，实现生产标准化、基地化。

（三）加强技术攻关，打牢产业基础。与中国科学院、广西农业科学院

111

等10余所科研院校合作，开展品种杂交选育攻关，选育的"龙江一号"罗汉果品种通过自治区农作物品种审定。选育扩繁长滩果、拉江果和青皮果等8个优良品种，设立永福县罗汉果研究所，长期开展种苗脱毒技术研究，建成罗汉果种苗脱毒中心和脱毒苗繁育基地，每年提供优质脱毒罗汉果种苗2000万株以上。首创罗汉果"一种二收"栽培技术通过自治区科学技术成果鉴定，达到国内先进水平。

（四）加强品牌监管，提升品牌影响力。严格执行"永福罗汉果"地标和地理标志证明商标使用标准，对授权企业使用程序严格把关。定期开展企业规范使用地理证明商标检查，严厉打击假冒伪劣等非法行为，全力维护永福罗汉果品牌口碑。投入27.6亿元打造集农文旅、产加销于一体的永福罗汉果特色小镇，引进京东直播、抖音、快手等电商平台开展罗汉果直播宣传与销售，推动罗汉果品牌宣传线上线下共发力。举办永福罗汉果节、第十三届桂林永福养生旅游福寿节、罗汉果产业高质量发展论坛、中国·永福罗汉果产业发展大会等活动，持续加大品牌推介力度。参加广西农业丝路行－马来西亚推广节等活动，推动永福罗汉果向全国品牌、世界品牌升级。

三、工作成效

（一）园区建设获新绩。2023年永福县苏桥镇（罗汉果）获首批国家农业产业强镇认定，永福县入选国家2023年农业现代化示范区创建名单，创建自治区级五星级和四星级罗汉果现代农业核心示范区各1个，建成集育苗、种植、科研和文化展示于一体的罗汉果科技示范园。

（二）品牌建设结硕果。全县已创建罗汉果中国著名品牌商标1个、广西名牌商标3个。同时，打造"中族中药"等30多个知名企业品牌。永福罗汉果入选全国名特优新农产品目录，2022年入选国家农业品牌精品培育名单，2023年"广西永福罗汉果栽培系统"被认定为第七批中国重要农业文化遗产等。

（三）**联农带农显成效**。推广"公司（专业合作社）＋基地＋农户"生产经营模式，建立利益紧密联结机制，引导罗汉果龙头企业与农户签订协议，实行罗汉果保底收购。按照"公司（专业合作社）＋基地＋农户"生产经营模式，组建7个"产供销"一体化的罗汉果产业新型联合体，形成从种苗生产—农户种植—合作社（企业）收购—企业加工销售的完整产业链。订单罗汉果面积占总生产面积六成左右，农户享受二次利益分配达70%以上，带动主产区农民年人均增收1.2万元。

海南省文昌市
"五良"协同　三产融合
打好"公坡香米"特色牌

一、基本情况

文昌市位于海南省东北部，三面沿海，终年无霜，四季常绿。全市耕地面积41.06万亩，农林牧渔产值达221.7亿元。近年来，文昌市采用"农户+合作社+企业"合作模式，推动水稻种植加工全产业链发展。2023年，"公坡香米"种植面积3500亩，全产业链产值达到1152万元，带动农户453户，平均每户从香米产业获得收入2869元，有力促进了农民增收。

二、主要做法

（一）打造"良田"，推动"公坡香米"扩面增产。文昌市强化责任落实，连片处置撂荒地，扩大水稻种植面积。将水北村春桃坑、荔枝坑等2920亩撂荒土地纳入处置台账，积极搭建农户与企业合作的平台，集中连片流转土地种植水稻。完善农田设施配套，投资662万元新建4处电灌站、3个田洋排灌沟以及1.79公里龙虎山西干渠，新增灌溉面积1580亩。开展农田土壤改良工作，改良土壤面积920亩，新建8条机耕路，农机作业面积2080亩，使得"荒地"变"良田"。

（二）培育"良种"，不断提升"公坡香米"品质。加大产学研合作力度，将感光水稻品种改造为感温品种，充分发挥出当地纬度低、日照时长、水质优良等优势。举办"中国农民丰收节系列主题活动暨2023年首届文昌公坡香米节""2023年世界粮食日和全国粮食安全宣传周海南省主会场活动",持续提升香米品牌影响力和美誉度。

（三）运用"良法",以科技赋能香米生产。建设香米育种基地和标准化种植示范基地,应用5G、人工智能、卫星遥感等技术,建成200亩数字化育种基地、1300亩标准化种植示范基地,为香米大规模种植提供有力保障。建成香米加工中心,投入乡村振兴衔接资金1000万元建设香米加工中心。与以往粗放式加工相比,粮食损耗率降低4%、米粒破损率降低3%。

（四）推广"良机",助力水稻种植降本增效。机插秧是全面机械化的最后一公里,是增产的重要保障。文昌市全面推广机械化种植,公坡香米3500亩基地全面采用机插秧技术。持续推广化肥减量增效"三新"（施肥新技术、肥料新产品、施用新方式新机具）技术模式,在公坡3500亩水稻基地实施"测土配方施肥＋水稻配方肥＋叶面肥＋水稻侧深施肥＋无人机施肥"技术。经测产验收,水稻亩均化肥使用量减少20斤,投入成本较常规施肥亩均减少30元,亩均增产44.9公斤以上。

（五）建立"良制",促进一二三产业融合发展。完善香米产业联农带农惠农机制,建立"公坡香米"品牌。以水北村为主体,以讲好"一粒米故事"为主线,投资1亿元推进文昌市公坡香米特色产业小镇建设,高标准编制特色产业小镇建设规划,配套建设现代农业融合发展服务中心、田间学校、香米产业综合保障楼、高标准智慧农田（农场）示范基地、"田里甜外"稻田咖啡馆、"全谷物康养"和美乡村民宿等项目,打造独属于公坡的香米IP。

三、工作成效

（一）提档升级"公坡香米"品质。推动种子培育优中选优,成功培育每100克含总糖仅1.29克、膳食纤维4.34克、维生素B_1 0.352毫克、维生素E 0.538毫克以及富锌富硒且香气特殊等特点的"公坡香米"品种,同时还繁育出具有低升糖指数、低谷蛋白、富维生素E等一系列功能米品种。

（二）助力提高"公坡香米"附加值。2023年"公坡香米"收购价达到

2.8元/斤，亩产超过800斤，亩均纯收入达2000多元，效益远超其他品种（常规稻谷收购价1.5元/斤）。水稻经过烘干、筛选、去石、碾米等多道工序，分装、封袋、装车销往北京、深圳、上海等地，深受消费者喜爱。

（三）完善联农带农惠农"机制"。村集体以"保底收益＋按股分红"获得收益，按照保底投资额净收益的5%，每年收益约62万元。农户则以"土地租金＋务工工资"方式，通过流转土地，农户亩均可直接收益495元。

优品种　重标准　亮品牌
兴隆小咖啡走向世界大舞台

一、基本情况

万宁市位于海南省东南沿海，热带农业资源丰富，咖啡产业发展历史悠久。全市耕地面积43.52万亩，农业人口44.68万人。经过多年努力，万宁市以培育咖啡为主导的热带特色产业不断发展壮大，种植面积超8000亩，规模占全省1/3以上，加工产能超9000吨，培育省级以上农业产业化龙头企业10家、农民专业合作社1354家。全省近80％的咖啡豆在万宁加工生产，2023年咖啡全产业链产值达到5亿元。

二、主要做法

（一）强化科技支撑，培优咖啡品种。万宁市依托中国热带农业科学院香料饮料研究所，从1957年开始咖啡种质资源与品种选育、节本高效栽培、病害绿色防控和产品高值化加工的全产业链科技创新，已先后建成国家香料饮料种质资源圃咖啡专类圃、咖啡海南省工程研究中心、兴隆咖啡研究院等科技平台，把资源优势转化为产业优势，助推咖啡产业高质量发展。

（二）推进标准化生产，提升咖啡品质。组建以中国热带农业科学院香料饮料研究所为核心，跨省区、跨学科、跨部门的咖啡专业团队。构建《海南省咖啡产业标准体系》，先后制定标准39项，其中国家标准3项、行业标准13项、地方标准7项、团体标准16项，数量居全国前列，基本建成以国家标准和行业标准为基础，地方标准和团体标准相衔接配套，贯穿产前、产中、产后全过程的咖啡标准体系，为兴隆咖啡区域公用品牌和品质提升提供技术支撑。

（三）加强主体培育，提升产业化水平。通过招商引资及对种植、加工、营销等环节进行大力扶持，鼓励以"企业（合作社）+农户"的模式，促进各类咖啡主体规模化发展，打造"咖啡+文化+旅游"产业综合体。全市发展规模以上咖啡种植企业及专业合作社26家、种植户194户、规模加工企业10家、咖啡店200余家。培育咖啡龙头企业3家，产业联合体1家，打造咖啡主题共享农庄5家、景区3个。

（四）加大品牌推介，拓宽消费市场。已在全国范围内建成兴隆咖啡品牌文化推广中心35个，建设一批兴隆咖啡品牌门店，组织经营主体参加农博会、产销对接会、专题推进会等，举办海南自贸港咖啡文化节、咖啡生豆大赛等品牌赛事，有效提升兴隆咖啡在全国范围内的影响力。与海南农垦集团合作建设咖啡专业化市场，推动"世界咖啡交易中心""海南国际咖啡交易运营中心"相继在万宁落地，努力打造世界咖啡进出中国的主要通道。

（五）强化政策扶持，做强兴隆品牌。制定兴隆咖啡产业发展规划，将咖啡作为海南省重点培育和发展的17个热带特色高效农业产业链之一、全市八大产业链之一进行重点打造。成立咖啡工作专班，实施咖啡产业链链长制，举全市之力打造以咖啡等农产品加工为主导的百亿级产业。实施地理标志农产品保护工程，每年投入不少于500万元的资金，从种苗繁育、种植、加工、品牌营销宣传等方面给予扶持，进一步做强兴隆咖啡品牌。

三、工作成效

（一）品种培优成效突出。选育出产量高、品质优良的罗布斯塔咖啡新品种10个，较未经选育的实生树产量高3～5倍，亩产量106～226公斤，达到世界先进水平，其中6个品种通过国审和海南省认定，"热研1号咖啡"和"热研3号咖啡"被列入农业农村部"十三五"主导品种，"热研5号咖啡"入选2023年海南省农业主导品种。

（二）产业化水平有效提升。通过实施特色产业小镇、优势特色产业集群等产业融合发展项目，对兴隆咖啡进行全产业链打造，进一步优化产业结构，不断提升产业效益。全市咖啡标准化种植面积达4000亩，产品采收与加工标准化和精细化程度稳步提升，实现红果率98%，兴隆咖啡地标产品销售价格从300元/公斤提高到600元/公斤以上，推动"兴隆咖啡"产业综合效益提升20%以上。

（三）品牌效益明显增强。引进正大集团建设兴隆咖啡产业园，以"前店后厂"模式打造"咖啡+工业"旅游标杆。扶持M1咖啡奇幻工场创新开发咖啡沉浸式体验销售模式，结合共享农庄、日月湾冲浪等资源，"咖啡+"业态蓬勃发展，线上+线下销售火爆。"兴隆咖啡"先后获批地理标志保护产品、农产品地理保护标志认证，成为首批列入"中欧100+100"国际互保地理标志产品，并成功申请注册地理标志证明商标。"太阳河"咖啡品牌获得"海南老字号"认证，兴隆咖啡焙炒技艺入选海南非物质文化遗产名录。创新开发"华堂"兴隆咖啡品牌成功进入人民大会堂展厅，品牌影响力和知名度显著提升。

（四）助农增收效果明显。紧扣乡村振兴主题狠抓产业发展，采取"党支部+党员+农户""企业+合作社+农户"方式，大力扶持发展林下立体经济，充分利用槟榔、橡胶、椰子等林下广阔空间，发展咖啡等立体种植，使槟榔黄化病严重地区农民收入稳定在每亩3000元以上，确保脱贫户不返贫。推进产业下乡助力乡村振兴建设，建立乡村振兴咖啡门店试点3处。2023年，全市咖啡种植户每亩收入2800元以上。

四川省阿坝藏族羌族自治州红原县
保饲草　抓繁育　提品质
牦牛产业实现跨越发展

一、基本情况

红原县隶属于四川省阿坝藏族羌族自治州，位于青藏高原东部，总面积8400平方公里，平均海拔在3600米，总人口4.9万人，天然草场面积1164万亩，可利用草场面积达1121万亩，被誉为"红色草原、生态家园、大美红原"。麦洼牦牛作为红原县国家地理标志产品之一，是红原县的重要产业支柱，是当地农牧民群众主要经济来源。近年来，通过"种、养、加、科"的全产业链的发展模式，麦洼牦牛产业和产品价值都得到进一步提升，有效促进了牦牛产业高质量发展。2023年，红原县牧业产值14.2亿元、增长17.2%，其中牛出栏13.5万头、增长18%。全县农村居民可支配收入达到18417元，同比增长7.3%。

二、主要做法

（一）**加强组织领导**。落实县级领导责任工作制，建立农业生产"三品一标"领导小组，由县级领导统筹指导各项工作落地实施，研究审议重大决策、重大项目和年度工作安排，协调解决重大问题，督促落实重大事项。同时，成立工作专班，制定发展规划、指导意见、支持政策和工作方案等。

（二）**加大政策扶持**。充分依托两轮省级现代草原畜牧业试点示范县和全国草原畜牧业转型升级试点县等项目建设，以项目建设为抓手，聚焦生态保护、基础设施、畜种改良等重点工作，实施牦牛产业高质量发展"5个1"试点工程，即研究1套"政、研、企、农"联动发力机制，引进和培育1批龙头企业主体，制定1套全产业闭合链标准，建立1套全链条补贴政策，形成1套牦牛系列产品品牌，引领麦洼牦牛向"名、特、优"发展，形成"种养加"相结合的全产业链体系。先后投入15亿元，累计支持16个大类300余个项目，其中2023年实施涉农项目31个，涉及资金3.8亿元。通过项目支撑，有力促进了畜牧业转型升级、提质增效，助推实现从畜牧业大县向畜牧业强县跨越发展目标。

（三）创新科技引领。**构建人才队伍**。创新人才引进激励机制，加快高素质人才引进培养，依托国家乡村振兴重点帮扶县科技特派团、科技包县包乡服务队和"科技下乡万里行"专家力量做好指导、服务工作。探索将"硕博进阿坝行动"扩展到涉农企业，推行柔性引才、弹性用才、"飞地"人才，最大限度激发人才作用。充分发挥"土专家""田秀才"作用，切实破解产业发展人才短缺难题。**建立专家工作站**。开展全方位咨询服务和技术推广，完成鲜奶储运保鲜、麦洼牦牛种质资源保护与利用等科技成果转化，建立智慧农业管控平台，实现产品追溯、专家指导、信息发布、数据收集分析等远程实时管控，建成畜产品检验检测中心1个、草原监测预警系统1个。

（四）提升产品质效。针对麦洼牦牛养殖设施现代化程度低、传统生产经营方式占主导地位问题，推行"天然草原+人工草地+适度放牧+圈舍补饲+科技+保险"的标准化养殖模式和"龙头企业+村集体经济组织+联牧联营+牧户"的产业经营联结机制，大力发展草原畜牧业。**提升基础**。制定实施万头牦牛标准化、规模化、集约化养殖基地建设规范，建设牧道2300公里、暖棚3040个、巷道圈477个，建成联牧规模经营区4个、专业合作社68个、新型家庭示范牧场535个、牦牛标准化养殖基地11个。**改良品种**。立足牦牛种质资源优势，加强良繁体系建设，加快推广牦牛人工采精、授精、牦牛冻精改良等新技术，建有麦洼牦牛及藏系绵羊原种场和选育基地4个、麦洼牦牛种畜扩繁基地2个，年提供优质种畜8000余头，获得改良后代4万余头。

（五）推动品牌培育。**加强品牌培育**。建成绿色加工园1个，入驻企业27家，其中规模以上企业11家，涉农产业化龙头企业6家，包括国家级1家、省级2家、州级3家，2023年总产值20.4亿元。同时，积极组织企业申报名特优新、"天府粮仓"等精品品牌。**加强品牌管理**。加强农业产地环境监测，统一对品牌农产品开展定期抽检，加强农产品质量安全风险监测，建立健全监测结果通报制度和质量诚信体系。加大农业投入品执法监管力度，严厉查处违禁农兽药生产、销售、使用和非法添加等违法行为。**促进品牌营销**。组织企业参加线上线下展会，提升企业产品知名度和美誉度。

三、工作成效

（一）**产业质效提升**。拥有优质麦洼牦牛1064头，其中优质种公牛274头、优质能繁母牛463头，组建3个保种核心群。年生产优质麦洼牦牛冻精2万余支，可提纯复壮麦洼牦牛1万余头，后代生产性能增加10％以上，良种覆盖率达80％。培育省五星级牦牛现代农业园区1个，提升现代化畜牧产品生产线6条，建成冷链物流配送中心1个，年处理生鲜肉1万吨，建成动物无害化处理厂1家，年处理3.5万头，建成有机肥加工厂1家，年生产1.1万吨。

（二）**品牌优势显现**。2016年红原麦洼牦牛成功申报国家地理标志、2018年获批红原麦洼牦牛优势产业区，现有"三品一标"农产品36个，"天府粮仓"精品品牌2个。2023年组织企业参加线下参展7次，参展产品30余种，包括风干牦牛肉、红原奶粉、酸奶、冰激凌、冷鲜牦牛肉等。参展企业6家，全年累计线上销售260万元，线下销售6.07亿元。

（三）**现代养殖模式成效明显**。全县大力推行标准化生产，2023年"暖季适度放牧＋冷季补饲＋科技＋保险"现代养殖模式覆盖面达60％以上，超载率降至5.0％以下，直接带动3600个农牧户，户均增收5400元；辐射带动5000户，户均增收6700元。

四川省巴中市通江县
狠抓"六个强化"
奋力打造百亿级银耳产业集群

一、基本情况

通江县隶属于四川省巴中市，位于巴中市东北部，年平均气温13.9℃。通江是世界银耳发源地，发轫于盛唐，食用于宋元，入药于明清，素有"耳中极品、菌中魁首"之美誉。近年来，通江县锚定创建国家级现代农业园区，以打造百亿级产业集群为目标，着力构建"一带两区三园百基地"产业布局，银耳产业提质增效和转型升级成效明显。

二、主要做法

（一）强化目标引领，扶植银耳产业。通江县抢抓国家支持革命老区振兴发展、四川省开展39个欠发达县域托底性帮扶等重大战略机遇，立足银耳产业现状及趋势，坚定"段木银耳强品牌、木屑银耳深加工"发展定位，锚定"食品饮品、药品保健品、美容化妆品"精深加工方向，成立通江银耳产业链长办公室，县委副书记担任产业链长，组建"链长+链办+部门"特色产业推进阵容。设立通江银耳产业基金，推出"通江银耳贷"等金融产品，扶植银耳产业发展。

（二）强化科研合作，培优银耳品种。由吉林农业大学牵头，联合四川省食用菌研究所等优势学科研究院所搭建通江银耳科技协同创新平台，成立李玉院士专家团队通江银耳研究中心，开展通江银耳全产业链技术研究联合

攻关，取得通江野生食用菌种质资源普查、分离特异种质资源、川银科3号等9项重要成果，全县银耳新品种推广应用率达90%以上。

（三）强化园区创建，推进标准化生产。发展重点乡镇20余个、专业村37个、集中连片示范基地75个，采用菌稻等协同轮作种植模式，建设通江银耳原生态核心种植基地10000余亩。成功引进祥云银朵、四川好鲤等8家头部企业，建设标准化木屑银耳生产及精深加工厂房12万平方米。推动制定《通江青冈木屑银耳生产技术规程》《银耳中药生产标准体系（352）》等系列产品技术地标，发布通江银耳国标2项、地标4项、团标1项、企标多项。建立完整度高、覆盖面广的通江银耳全产业链的标准体系，银耳标准化生产比重达到80%以上。

（四）强化监管体系，提升银耳品质。2024年预计完成"通江银耳产品质量追溯平台"建设运行，统一建立溯源码，实现道地通江银耳从育种、种植、加工到销售"一码追溯"。制定完善《通江银耳溯源码使用管理办法》《通江银耳深加工产品使用商标管理办法》，建立通江银耳生产主体名录库、商标使用名录库、诚信经营档案库。实施通江银耳品牌保护行动，推行区域

公用品牌+企业产品品牌"母子"品牌管理模式,制定《通江银耳证明商标侵权举报奖励办法》,坚持"三必须三取消"原则从严商标许可。采取部门监管、协会监督相结合,打击市场假冒伪劣产品,鼓励消费者参与辨假打假,维护通江银耳商标专用权。

(五)强化对外宣介,提升品牌影响。实施通江银耳区域公共品牌形象塑造工程,举办"中国·通江银耳产业发展大会暨第四届中国·通江银耳节"。系统谋划提升"通江银耳"IP形象,建好"通江银耳"官网,用好京东"中国特产·通江馆"专卖店、抖音平台专卖(旗舰)店,注册运营通江银耳微信视频号,在长三角、京津冀、成渝西等区域逐步推出通江银耳主题广告。加强银耳文化保护传承,编撰通江银耳古法栽培技艺课程,加快申报"四川通江银耳生产系统"为国家重要农业文化遗产,树好"世界银耳发源地"品牌形象。

(六)强化利益联结机制,增加农民收益。坚持发展为民工作理念,建立"公司+合作社+基地+农户"合作模式,创新"底金+奖金+薪金+股金"利益联结机制，实现银耳富民。嘉祐农投公司与本土耳农签订银耳、段木保底收购和价随市涨协议，形成"双绑"利益联结，让银耳种植户吃上"定心丸"。广泛支持群众因地制宜参与银耳产业发展，分类设置耳林资源培育、旧耳棒加工利用、段木银耳种植等奖补资金，激发群众生产积极性。

三、工作成效

（一）**产业产值提升明显**。2024年上半年，通江段木银耳菌种接种量突破100万袋，木屑工厂化栽植种量突破25万袋，鲜品产量超300万公斤，培育各类新型经营主体170余家，实现综合产值35亿元以上。通江银耳区域品牌价值达87.82亿元。

（二）**品种培优品质提升显著**。统筹本土专家团队，全力攻关道地性通江银耳菌种选育试验，开展通江银耳分子标记和基因测序，建成通江银耳种质资源库。成立通江银耳菌种综合服务中心，规范建立段木耳棒标准化集中发菌场、代料菌包集中制袋场，开展通江银耳新品种推广。力争3年内成功培育5个以上通江银耳高产菌株，牢牢把住通江菌种"芯片"，守护通江银耳精品品质。

（三）**带动群众增收明显**。围绕食品饮品、药品保健品、美容化妆品三大主攻方向，集中力量开展通江银耳从提取物到市场产品的开发研究，促进通江银耳多糖、黄酮等优势成分的转化利用，加快通江银耳化妆品系列、软糖、轻简化装备等科研成果转化落地，力争培育3个年销售额超亿元的通江银耳大单品，辐射带动就业5000人，银耳主产区人均增收2000元。

重庆市江津区
政策扶持　创新驱动　"江津花椒"香麻天下

一、基本情况

江津区位于重庆市西南部，全年平均气温18.4℃，年平均降雨量1001.2毫米，耕地面积117.47万亩。据《华阳国志·巴志》记载，江津有2000多年花椒栽培史，近年来，江津区立足优势资源，做足"土特产"文章，全链条发展花椒产业，花椒面积发展到53万亩，产量36万吨，产值52亿元，成为远近闻名的"中国花椒之乡"。2023年成功入选中国重要农业文化遗产。

二、主要做法

（一）**坚持三级联动，增强组织领导力**。构建区镇村领导组织体系，成立区政府主要领导为组长、分管领导为副组长，区发改委、财政局、农业农村委等为成员的花椒产业领导小组，集中领导、统筹推动有关工作。在区乡村发展中心增设花椒服务科，落实专人负责具体事宜，同时明确镇级技术负责人28名、村级产业指导员242名，实现产业服务全覆盖。

（二）**坚持政策引领，集中资源整合力**。**升级"政策包"**。出台《关于推动花椒产业高质量发展的通知》《花椒全产业链标准化建设实施方案》等政策59项，印发《江津区乡村振兴金融产品手册（2024）》，推出花椒金融产品55款。**做大"资金池"**。花椒作为全区"一主两辅"主导产业，近年来落实现代农业产业园资金1.48亿元、农业产业强镇等资金1750万元，发放贷款1390笔共7亿元。**充实"人才库"**。实施"头雁"培育计划，打造"花椒工"劳务品牌，输出经纪人8000名，培育"花椒工"16万名。

（三）**坚持科技支撑，培育新质生产力**。**抓创新攻关**，引导136家企业与中国农业大学、西南大学、江南大学等30多家科研院校建立产学研合作关系。**抓平台建设**，建成全国花椒瑞士通用公正行（SGS）认证中心、中科（重庆）中试城、江津花椒工程技术创新中心，培育科技经纪人57名。**抓转化推广**，组建花椒首席专家团队，全覆盖开展技术对接和成果转化。江津花椒两次列入国家"863"计划，先后获得省部级科技进步二等奖1项、国家专利54项。

（四）**坚持改革赋能，提升要素产出率**。**开展社会化服务试点**。建设花椒出口示范基地、社会化服务试点43个，开展产加销全程社会化服务。**探索村级加工中心建设**。按照初加工在产地、精深加工进园区的思路，建设村级加工中心5个。**首创"花椒银行"**。通过统"收"、代"工"、随"储"、包"贷"、稳"本"，年收储花椒10万吨，发放贷款1亿元。

（五）**坚持内外并举，强化龙头带动力**。对外招商引资育增量，按照

"强链、延链、补链",精准对接洽谈,主动靠前服务,完成签约项目59个112.552亿元。对内培育"头羊"扩存量,实施"企业吹哨·部门报到",全面优化营商环境,扶大扶强龙头企业。累计培育花椒国家级龙头企业1家、市级7家,重庆百户领军企业2家、百户成长型企业3家。

三、工作成效

（一）**品种培优,轻简生产有亮度**。收集世界各地花椒种质资源325组份,建立花椒国家林木种质资源库。完成九叶青花椒全基因组测序和精细组装,绘制出全基因组遗传图谱。培育出"九叶青""早熟九叶青""无刺花椒"等新品种,成功推广1100万亩。全国首创花椒"带枝"剪采收、带"枝果"烘烤技术,推动建立"花椒大数据中心",实现花椒种植、加工、销售"一图速览、一键操控、一网管理"。

（二）**品质提升,绿色健康有厚度**。全面推广测土配方施肥、绿色防控和循环种养技术,开展加工副产物利用,建成花椒全国绿色食品原料标准化生产基地。建成西部（重庆）富硒功能产品开发交易博览中心、江津富硒功能农业科创园,开发出优质调味品、高端保健品、富硒功能食品等花椒制品46款。

建立国家地理标志产品保护示范区、全国名特优新农产品高质高效试点。

（三）**品牌打造，产品市场有热度**。以"一江津彩"区域公用品牌引领，形成花椒地方品牌、企业品牌、产品品牌"群雁"，"江津花椒"品牌价值64亿元，入选全国农业品牌精品培育名单。实施"互联网+"农产品出村进城工程，发展"直播经济""网红经济"，江津保鲜花椒在全国市场占有量达到90%。实施花椒"出海"行动，建成花椒农业国际贸易高质量发展基地1个、市级农产品出口示范基地4个。2023年，花椒出口总额400万元，同比增长91.3%。

（四）**标准生产，全程管控有尺度**。健全产业链标准体系，制定花椒国家标准1项、行业标准2项、地方标准2项、团体标准10项。落实"双随机、一公开"监管要求，定期进行安全风险监测评估，全区花椒产品合格率达到99.9%。全面推行食用农产品达标合格证制度，打造农产品质量信息管理平台，实现全区花椒质量安全追溯平台覆盖率100%。

（五）**全链发展，联农带农有力度**。推动花椒产业链条延伸至调味品、保健品、医药化工等领域，加工转化率达到99%，农产品加工业产值与农业总产值比达到3.21:1。引导个体户与村集体抱团发展，实现村均经营性收入54.9万元，其中10万元以上村达100%。全区28万户椒农实现农村居民人均可支配收入27222元。

重庆市涪陵区
科技赋能绿色转型　涪陵榨菜焕发新生机

一、基本情况

涪陵区地处重庆市中部、长乌两江交汇处、三峡库区腹心地带，是"世界榨菜之乡"。近年来，涪陵区立足良好气候及土壤等条件，推进芥菜品种培优、标准化生产和品牌打造，不断做深做实涪陵榨菜产业。2023年，全区榨菜原料种植面积达73.5万亩，全产业链总产值达141.16亿元，成为产销规模大、品牌知名度高、辐射带动能力强的优势特色支柱产业，有力助推当地经济社会发展。

二、主要做法

（一）做强"产业芯"，加强品种培育。建立南方芥菜品种改良与栽培技术国家地方联合工程实验室、国家蔬菜改良中心涪陵榨菜研究中心等7个国家级科研平台，建设西南大学涪陵研究院，开展青菜头功能基因定位、验证与应用和分子育种技术研发，全力建设青菜头品种选育基地。加强种质资源收集保护，创新开展国内芥菜种质资源普查，共收集保存全国各地芥菜种质资源材料1500余份，其中青菜头资源160余份。绘制3个代表性榨菜全基因组测序和基因组图谱。

（二）激活"新动能"，提升加工能级。坚持"科创+""绿色+"双驱发力，持续推进绿色高效生产、未来产品研发。全区现有半成品原料加工户1700余户、榨菜企业40家。涪陵榨菜集团发展成为中国酱腌菜行业唯一一家上市公司，年半成品加工能力达80万吨以上、成品加工能力60万吨以上。成立中国榨菜加工技术研发专业中心，累计完成榨菜工业技改项目24个。投入5.2亿元推广盐水生化处理技术，建成44座榨菜废水处理设施，实现100%达标排放。引入推广机械式蒸汽再压缩蒸发浓缩技术，探索榨菜盐水回收利用"变废为宝"，每年生产榨菜酱油5万吨，新增产值8000万元。

（三）聚焦数字化，做亮榨菜品牌。整合区块链溯源与品牌保护系统，打通种、加、销、服等全流程数据资源，搭建榨菜产业一体化智能化管理平台，推进实现"田间地头到百姓餐桌"榨菜全产业链管理服务数字化。建立质量追溯管理制度，"涪陵青菜头"地理标志农产品认证主体100%纳入质量追溯管理。迭代升级"榨菜产业大脑"，构建"种菜帮

手、加工助手、营销高手、监管能手、服务好手"等5个一级应用场景。建立"企业商城、微信商城、抖音直播带货"等新型销售模式，涪陵榨菜远销100多个国家和地区。

（四）**聚焦绿色化，严格标准生产**。按照"稳主产区、扩次产区、拓展新区"的思路和"加工鲜销并重发展"的要求，集中成片区域化布局，成功建设以榨菜为主导产业的国家现代农业产业园、国家农业科技园区，完成8.8万亩榨菜原料基地宜机化改造，建成全国绿色食品原料（青菜头）标准化生产基地45.17万亩，建成出口备案基地4万亩。制定榨菜国家标准1个、行业标准2个、地方标准3个，推广应用根肿病生物控防等技术，确保青菜头质量合格率100%。成功研制青菜头直播机械、国内首台青菜头联合收割机。

三、工作成效

（一）**"小菜头"长成大产业**。2023年全区榨菜原料总产量178.14万吨，产销成品榨菜51.28万吨，销售收入53.14亿元。探索建立"一个保护价、两份保证金、一条利益链"利益联结机制，人均榨菜纯收入3325.7元，带动涪陵及周边区县60万人增收致富，实现产业发展和农民增收双赢。

（二）高科技助力育品种。建成全球最大的青菜头遗传种质基因库。成功选育出适宜海拔800～1300米地区栽培的高山青菜头品种"高山青"、早熟青菜头新品种"渝早100"、宜机收榨菜（茎瘤芥）新品种"渝机6号"、低皮筋低空心良种"涪优928""涪杂系列"等青菜头新品种19个，在国内率先实现青菜头杂种优势利用，广泛用于全国80%以上的青菜头种植区域。

（三）高标准打造高品质。引入巴氏杀菌、低盐腌制等技术，建成智能化榨菜生产线，榨菜含盐量从12%降到3%，30余个产品获"绿色食品"认证。独创开发古坛、酱香、鲜脆等10多种风味榨菜，开发休闲榨菜、轻盐榨菜等未来榨菜新产品，乌江脆口榨菜列入重庆市食品及农产品加工产业"爆品"打造。《榨菜（腌渍和压榨的蔬菜）——规格和测试方法》获批食品及农产品加工领域国际标准立项。

（四）体系化擦亮"金品牌"。健全以涪陵榨菜区域公用品牌为引领，企业品牌、产品品牌协同发展的涪陵榨菜品牌矩阵，创建"乌江"等中国驰名商标4件，培育榨菜商标品牌200余件、地理标志证明商标3件。"涪陵榨菜"入选农业农村部农业品牌精品培育计划，品牌价值达379.24亿元，居中国农产品区域公用品牌价值排行榜首位。

贵州省安顺市镇宁布依族苗族自治县
"四动"结合
全力打造"镇宁蜂糖李"甜蜜产业

一、基本情况

镇宁县隶属于贵州省安顺市，位于贵州省西南部，素有"黔滇锁钥"之称，区位优势得天独厚。蜂糖李发源于镇宁县六马镇，核心种植区属典型的亚热带低热河谷小气候地带，出产的蜂糖李品质、口感绝佳，在李子界素有"李中茅台""中华第一李"之美誉，2021年获得国家级植物新品种审定。2023年，全县蜂糖李种植面积15.73万亩、产量5.97万吨，产值达到30亿元，占全县农林牧渔业总产值54.1%，带动1.5万户、6.2万人增收致富。

二、主要做法

（一）科技驱动，助力品质提升。**种质保护**。开发安全、适用绿色防控技术，建立病虫害预测模型，降低环境风险，保障蜂糖李优良种质不受影响。开展种植管护技术相关培训60期（次），实现核心产区农户全覆盖，不断提升种植的可持续性。**品种选育**。与中国农业大学洽谈战略合作，围绕品种培优、地力培育通过"内培外招"方式整合省、市及本地专家技术体系，在优系品种选育方面重点发力，启动贵州蜂糖李研究园项目，分步推进母本园、采穗圃、育苗圃、良种繁育圃等"一园三圃"建设。**数字化赋能**。搭建集溯源、进销存、物流跟踪等功能数据库平台，将种植、分拣信息纳入镇宁蜂糖李产品地标一码溯源平台，实现供应链环节可溯，增强消费体验。打造"盒马村"蜂糖李数字化基地与全国"盒区房"无缝链接，实现数字化融合发展。

（二）龙头带动，深化品牌建设。**培育市场主体**。以市创新财政涉农产业资金支持产业发展为契机，先后培育出市级龙头企业10家、省级农民专业合作社19家、国家级农民专业合作社1家，有效引领产业发展。**集聚区域品牌**。集中资源培育产地龙头黄果树果业公司"蜜思你"产品品牌，形成"镇宁蜂糖李""黄果树果业""蜜思你"三品联动"组合拳"，为做强、做实、做优农产品区域公用品牌找准路径。**加强品牌保护**。申报国家生态原产地产品保护、国家地理标志保护产品和绿色食品认证，强化原产地效应，树立绿色优质放心农产品品牌形象。

（三）市场拉动，拓展销售渠道。**拓展经销渠道**。搭建"产地龙头＋乡镇平台公司＋合作社＋种植户"销售体系，发挥产地龙头优势，与首杨水果、百果园、盒马鲜生等龙头渠道实现长期供销合作，拓展全国市场。**强化宣传推介**。以东西部协作为契机，充分发挥广州市越秀区协作资源，通过产销对接会、消费帮扶等方式融入大湾区市场。搭建运营抖音、京东、淘宝官方平台，拓宽线上渠道，扩大线上"果粉"群体。

（四）组织推动，聚力产业发展。**强化组织保障**。成立以县委、县人民政府主要负责同志任双组长的产业高质量发展工作领导小组，结合"一县一试点"创新探索建立蜂糖李产业党委，实行产业发展工作联席会议制度，明确县人民政府领导具体牵头抓蜂糖李产业。**健全工作机制**。研究制定《镇宁县蜂糖李产业高质量发展工作方案》，细化目标任务、制定工作措施、理清发展思路。设立蜂糖李产业发展中心专职工作机构，确保产业有人办事、专人办事。组建县级蜂糖李产业商（协）会，形成"政商协"合力助推产业发展的良好格局。**加强资源集聚**。整合各类涉农资金、东西部协作资金，争取金融资金支持，强化基础设施建设和品牌宣传推介。

三、工作成效

（一）品质标准建设取得新进展。在核心产区六马镇建成母本保护园2个，实现母本树全过程监管。研究编制蜂糖李立地环境、生产种植、苗木繁育、病虫害绿色防控、贮藏保鲜、采收分级、加工运输等7个生产技术规程地方标准，制定发布《镇宁蜂糖李种植月历》，为农户标准化种植提供科学指南。9家生产主体的蜂糖李获得绿色食品认证，2家生产主体的蜂糖李获得有机农产品认证。建成1个省级现代农业产业园、5个标准化种植示范点、30个高效家庭示范农场。

（二）供应链保障实现新提升。全县建设集运营分拣包装、农残快检、交易结算、农资技术服务等功能于一体的精品水果交易服务点6个，建立分选分级和售后服务机制，商品果通过农残快检达标附具合格证后方可进入市场流通，通过管理平台进行物流全程跟踪，强化供应环节的品质可控，日均分拣能力提升至13万斤，累计投入资金4293万元，建成冷库12处共1.32万立方米，相关附属设施33处，大力提升精品水果供应保障能力。加强地标产品监管，3年累计发放"镇宁蜂糖李"农产品地理标识524.23万枚。

（三）品牌建设取得新高度。拓展宣传推介渠道，通过构建全媒体宣传矩阵，开展机场、高铁、高速路、央视等社会面广告宣传。组织参加广州专场推介、香港美食博览等活动，进一步扩大产品影响力。在媒体推出镇宁蜂糖李有关宣传报道88条次，举办蜂糖李上市季活动、产销对接和品牌宣传推介活动10余场，品牌知名度、美誉度、影响力不断提升，先后荣获国家农产品地理标志登记保护认证和"全国优质李金奖""中国农产品百强标志性品牌"等称号，入选"全国名特优新农产品目录"、生态环境部"生物多样性优秀案例"。

（四）市场预期取得新突破。2023年，镇宁蜂糖李出园均价达到25元/斤，终端市场零售均价提升至51元/斤，较2021年均有显著提高。线上销售电商快递单量达74万余件，销售量约1864吨，销售额突破1.5亿元，连续3年实现销售额翻番，产业的品牌溢价效应持续凸显，真正成为和美乡村建设的富民产业、甜蜜事业。

云南省保山市腾冲市
强化"三品一标"引领
构筑"腾药"飞腾之路

一、基本情况

腾冲市隶属于云南省保山市，位于云南省西南部，年均降雨量为1532.40毫米，平均气温为15.40℃，耕地面积143.61万亩。腾冲种药、制药历史悠久，2023年中药材种植面积31.2万亩，产量3.33万吨，农业产值22.86亿元，加工产值46.06亿元。先后有腾药制药、东方红制药等十家制药企业入驻腾药产业园，其中"腾药""东方"商标品牌享誉国内外，生产出心脉隆注射液、安宫牛黄丸、肠胃宁片等知名中成药。

二、主要做法

（一）**依山傍水，铸就"云药之乡"金招牌**。腾冲作为云南省首批中药材先行推进县，得益于优越的生态环境，造就腾冲"云药之乡"的美誉。腾冲森林覆盖率达74.72%，赋予腾冲"道地药材"的卓越品质，拥有具有药用价值的中药材812种、重点品种80个，为农业生产"三品一标"提供坚实根基。

（二）**生态链舞，构建绿色循环长效机制**。腾冲中药材产业已经建立起涵盖生产技术、产地初加工、质量安全的标准体系。依托《腾冲市滇重楼种植技术规程》《药用美洲大蠊养殖技术规程》等保山市地方标准生产，有机中药材基地采用有机肥补肥，病虫害采用绿色生物防控技术，草害采用松毛（树叶）覆盖墒面进行防草。"腾越多芽""滇重楼生态种植技术"纳入云南省2023年农业主导品种、主推技术。"翡翠麻1号"纳入云南省2024年农业主导品种。荣获"一种中药材天麻种植用接菌种装置""一种多芽重楼分株栽培方法"等5项专利。

（三）**全程溯源，展现"腾产药材"真品质**。腾药追溯平台接入4个种植企业12块基地，覆盖面积2000余亩。平台可以远程指导农事操作，实时追踪基地补肥、病虫害防治及新技术应用情况，让消费者深入了解"腾产药材"的优良品质。加强有机基地和GAP基地认证工作，不断扩大追溯平台覆盖基地数量和面积，让高品质"腾产药材"在平台上得到展示，实现药材产品优质优价销售。

（四）**林下生金，打造翡翠天麻特色名片**。以丰富的森林资源为基础，积极倡导"以药养林"发展模式，倾力打造"翡翠天麻"品牌，推动腾冲林下中药材产业走向高质量发展之路。预计到2025年，全市林下天麻产业初步形成规模，产业体系基本建立，种植面积将达3万亩，产量达4.5万吨，产值突破15亿元，有力支撑中药材产业发展。

（五）**科技引擎，赋能"三品一标"腾飞之路**。加强与云南省农业科学

院合作，设立省农业科学院加工所腾冲分所，在腾冲市中医医院加挂腾药研究院牌子，聘请市外专家12名、市内专家3名，搭建人才柔性引进平台。携手云南农业大学组建腾冲市中药材产业科技特派团，专注于中药材种植技术攻关与推广、新产品科技创新、成果转化、人才培养等方面的指导与合作。此外，与北京协和医学院药用植物研究所建立长期合作关系，重点研究腾冲天麻、石斛、茯苓等品种。通过持续引入科技力量，为腾冲中药材发展提供了强大科技支撑。

三、工作成效

（一）有机、GAP基地初具规模。致力于打造绿色基地品牌，成为腾冲市中药材产业发展的重要方向。全市已推广林下中药材种植18.04万亩（含草果），完成绿色有机中药材重点发展区域划定5万余亩。申报认证中药材有机基地29个、面积5.2万亩，有机产品48个。其中已取得有机证的中药材基地21个、面积3.33万亩、产品34个。云南腾药、福德生物认证美洲大蠊GAP生产基地120亩，养殖规模总量达400吨，产值3000多万元。本草源公司分别认证黄精、重楼各1000亩GAP基地。

（二）品种优选与品牌塑造硕果累累。腾冲结合区位、森林、气候、旅游资源等优势，建成3个种质资源库（圃），共收集中药材种质材料785份，重点培育天麻、黄精、茯苓、山药、银杏、厚朴、美蠊等七大特色药材品种。成功选育"腾越多芽""家春1号""云农4号、云农5号、云农6号"滇重楼，以及"翡翠麻1号""翡翠麻2号"等一系列优质新品种，逐步构建起具有腾冲地域标识的道地药材体系。

（三）品牌影响力与市场竞争力双提升。推进"天麻、黄精、白及、山药、银杏、厚朴、茯苓、草果"等八大代表性药材品种的地理标志证明商标认证工作，打造"腾产药材"金字招牌，提升腾冲药材在全国乃至全球市场的知名度和信誉度。

（四）中药材产业成为富民强市之策。腾冲市聚焦滇重楼、石斛、天麻、云茯苓等品种，通过品种优化、品牌塑造等，推动腾冲中药材产业向绿色化、优质化、特色化和品牌化迈进。全市带动从业农户达6.11万户、15.28万人，实现户均增收3.25万元，1968户脱贫户参与其中。

陕西省西安市临潼区
绿色引领提品质　火红石榴点燃"希望之火"

一、基本情况

临潼区隶属于陕西省西安市，位于关中平原东部，总面积915平方公里。临潼被誉为"中国石榴之乡"。近年来，临潼扎实实施农业生产"三品一标"提升行动，多措并举，综合施策，实现石榴产业由小到大、从弱变强，走出一条高效生态、特色精品、绿色安全的现代农业发展之路。目前，全区石榴栽植面积8万余亩，年产优质果8万余吨，拥有石榴深加工企业3家，年加工鲜果2万吨，石榴直接产值6.4亿元，综合产值15亿元。

二、主要做法

（一）聚焦要素保障抓资源统筹。**健全推进机制。**成立由区级领导任组长，区级部门、各街道负责同志为成员的农业生产"三品一标"提升行动工作领导小组，制定实施方案，明确职责分工，细化分解任务，建立健全联动推进机制，确保各项任务落地落实。**强化政策扶持。**围绕科技人才培育聚集、农产品品牌建设、标准化示范基地建设，明确10个方面42项重点任务，每年安排1000万元推动农业生产"三品一标"行动顺利推进。**强化人才支撑。**持续加强与高校、科研院所合作，建设专家大院、科技小院、"博士农场"，加快农业科技成果转化应用。建立338人"乡村振兴干部库"、428人"乡村振兴人才库"，为推动农业生产技术指导、品牌培育推广等提供人才支撑。

（二）聚焦产管协同抓主体培育。**强化良种繁育推广。**建立"科研院所＋基地＋农户"共建共享良种推广繁育机制，建成良种繁育基地，通过石榴品鉴会、评比大赛等多种形式，推动新优品种推广普及。**推广绿色防控技术。**在确保果品安全性及提升石榴品质基础上，坚守传统耕作方式，迎合现代消费理念，采用农业、物理及生物病虫害综合防治方法，减少农药使用，提升石榴品质。**加大农业投入品管控。**引导种植户施用农家肥、生物有机肥，优化石榴根群微生物菌结构，改良土壤，有效改善石榴所需的中微量元素。**健全体系加强监管。**完善"区街村基地"三级4层监管责任体系，明确监管责任，设立22个街办监管站、215个村级协管员，实现农产品质量安全网格化监管常态化。

（三）聚焦培育推介抓品牌推广。**重视品牌建设。**成功注册临潼石榴地理标志证明商标，发布"临潼石榴"区域公用品牌。印发《临潼石榴产品等级标准及贮运管理办法实施方案》，"临潼石榴"区域公用品牌影响力明显增强。**强化品牌宣传。**设计制作临潼石榴品牌Logo、品牌包装、宣传语，每年借助农交会、绿博会、农高会等农业展会进行宣传推荐，持续扩大品牌知名度和影响力。**促进品牌发展。**制定《临潼区石榴产业发展规划》，围绕骊山北麓石榴优生带，谋划建设集产学研农文旅为一体的石榴现代产业园，搭建石榴大数据、科创、智慧管理3大平台，构建"示范园+农户种植园+产业集群"格局。每年举办以石榴为主题的农文旅推介活动，策划包装以石榴园区与景点相结合的精品旅游休闲路线。

（四）聚焦质效提升抓示范引领。**打造标准化基地。**建成高标准优质石榴示范园15个，创建农产品标准化生产示范基地5个。以"合作社+农户"的形式辐射推进标准化生产，合作社以标准挂钩农户利益分配，政府以标准开展监督检查，实现品牌、标准、包装、收购、销售、检测"六统一"，切实提高石榴种植标准化水平。**开展绿色食品认证。**已认证绿色石榴基地12家，面积达3550亩。6家经营主体通过良好农业规范（GAP）认证，开展全程控制试点示范。

三、取得成效

（一）整合资源，助力品种培优。建成石榴红、茂林2家种质资源圃，加强净皮甜、大红甜等108个优质品种保护，打造石榴种质资源展示基地。搭建品种技术攻关小组，培育推广以净皮甜、大红甜石榴为代表的优质品种108个。

（二）数字赋能，实现品质提升。推动数字赋能管理，利用质量追溯"四挂钩"政策，引导生产主体加贴追溯"二维码"和承诺达标合格证，256家生产主体加入市级监管平台，实现从种植到餐桌的全程追溯。

（三）精准定位，推动品牌建设。培育百福瑞、林彤、泽溜溜、锦茂林等省市级知名品牌18个。骊优、百富瑞、泽溜溜、秦煌果石榴等成功入选"全国特质农产品"名录。临潼石榴先后荣获全国优质石榴奖、中国国际农产品展销会金奖、最受消费者喜爱的公众品牌、中国地理标志产品果品50强、中国果品品牌100强等荣誉，成为临潼区乃至西安市对外的一张名片。

（四）建立机制，助力群众增收致富。坚持以"合作社+农户"形式辐射推进标准化生产，搭建陕西品牌农业、惠农、京东等平台共享的营销推广网络，建立公司、合作社、村集体经济组织、农户等资源共享的利益联结机制，有效带动周边农户1800户，增收2000万元以上。石榴产业已成为助力乡村振兴、促进群众增收的"致富果"。

陕西省咸阳市淳化县
优政策　补链条　强宣传
做大做强"一碗荞面饸饹"产业

一、基本情况

淳化县隶属于陕西省咸阳市，位于三秦腹地，总面积983平方公里，是"中国荞麦之乡"。近年来，淳化县因地制宜大力发展特色产业，依托淳化荞麦——农产品地理标志保护产品、淳化荞面饸饹制作技艺——陕西省非物质文化遗产、淳化荞面饸饹——陕西著名商标等优势，将荞麦产业列入全县首位产业，出台扶持政策、完善产业链条，以品牌化战略引领荞麦产业融合发展，打造县域经济高质量发展崭新增长极。2023年，全县荞麦产业全链总产值突破6亿元。

二、主要做法

（一）**政策支持激活力**。成立淳化县促进荞麦产业发展工作领导小组，组建荞麦产业工作专班、荞麦产业办公室、荞麦产业协会，制定出台促进荞麦高质量发展实施意见、扶持办法、实施细则及《"千店焕新"行动补助办法》等政策，支持荞麦产业发展。设立1亿元产业振兴基金，推出"荞麦贷"金融服务产品，推动荞麦全产业链发展。2022年以来，累计发放各类奖补资金3500万元，发放贷款1000余万元，新增荞麦全产业新型经营主体200余家。

（二）**"三端"协同促融合**。**夯实生产端**。通过资金补贴、发放新籽种等

形式，充分调动群众生产积极性，改变以往群众"轮作倒茬"习惯，有效扩大种植面积，实行全程机械化、有机化、绿色化管理模式，筑牢荞麦原料生产供应基础，带动群众亩均增收1000元。**壮大加工端。**引进喷喷棒、淳荞菇、丝路兴淳、唯美荞乡等深加工企业10余家，建成荞面饸饹干面、荞面馒头、饼干等生产线10余条，并取得SC食品生产许可认证。成功培育荞麦花儿香、秦香晟盈等一批荞麦深加工新型经营主体，全县荞麦年生产加工能力达到300吨，带动群众人均务工增收2万元。**做强销售端。**坚持线下线上齐发力，实施荞面饸饹餐饮店"年开百店""千店焕新"等行动，建成运营高标准旗舰店4家，培育"荞乡遇""卜家乡村饸饹"等直营、加盟连锁店100余家、品牌化标准店200余家，餐饮实体店达到近1500家，发展"淳荞美""荞花郎"等电商企业20余家。

　　（三）营销推介强影响。办好荞麦盛会。连续举办荞麦产业高质量发展大会暨淳化荞面饸饹文化旅游节，邀请国内行业顶级资源、国字号协会、院士专家等"站台坐镇"，邀请知名媒体、自媒体等全方位报道，举办淳化荞面饸饹制作技艺大赛、荞麦产业发展高峰论坛、主题对话，推出荞麦花海网红打卡地等文化旅游专线3条，打造农文旅融合发展新业态。**宣传展销破围。**组织摄制特色农产品宣传片在电视台滚动播放，在西安大明宫举办招商引资暨文化旅游推介签约大会，组织生产加工餐饮企业积极参加农高会、陕西面食大会、首届西安美食博览会等活动，开展"带着饸饹去旅行"大型路演活动，推动淳化荞麦产业走出陕西，在全国大市场破圈突围。**打造金字招牌。**

借智借力，邀请国内知名农业品牌建设团队农本咨询公司编制《淳化荞麦产业品牌化发展战略规划》，正式对外发布授权，推动荞面饸饹餐饮店提档升级。支持啧啧棒等荞麦电商企业布局西咸社区发展新零售模式，开展淳化荞面饸饹"进机关""进高校"行动，淳化荞面饸饹超级 IP 影响力持续扩大。

（四）**科技赋能挖潜能**。主动融入陕西秦创原创新平台和成果转化先行区建设，持续深化校县合作，协同国家燕麦荞麦产业技术体系研发中心、西北农林科技大学、陕西师范大学等专家团队组建"一站两院三基地"，签约荞麦产业技术转化、校县合作技术推广等项目9个，启动实施荞麦特色产业三产融合科研示范项目，建立试验示范基地，一体推动荞麦品种选育、栽培模式更新、加工技术转化、功能性产品研发转化，挖掘荞麦绿色营养健康内涵，研发荞麦饮料等健康功能食品，有效提升荞麦产业附加值。

三、工作成效

（一）**"政能量"带来全产业链聚合蝶变**。通过政府强推、设立专业机构和一系列政策组合拳，荞麦全产业跑出增量迭代加速度。荞麦种植、加工、销售、餐饮全生态茁壮发育，荞麦种植面积突破4万亩，加工销售企业突破50家，荞麦系列绿色产品年产能达到5000吨以上，发展荞面饸饹餐饮店达到1500多家，带动就业7000余人，2023年带动村集体收益达到2653万元。

（二）**"三端协同"促进三产融合发展**。狠抓上下游产业延链补链，依托一碗淳化荞面饸饹的产业基础和市场潜力，有效驱动荞麦产业"接二连三"全链条发展。通过招引一批龙头链主企业，开发绿色产品20多种，建成生产线10余条，促进仓储、冷链、物流、配送、旅游等服务业一体发展。

（三）**"品牌化"战略助力产业破圈**。通过文化旅游节、美食节等活动宣传推广品牌价值，切实以品牌建设引爆荞麦产业"大发展"。相继获得"陕西荞面饸饹之乡""中国荞麦之乡""淳化荞面饸饹陕西省知名品牌"等荣誉。2023年，淳化荞面饸饹被评为"2023中国品牌农业与市场年度新锐品牌30强"。

西藏自治区日喀则市萨迦县
聚力"四大改良"
推进高原畜牧业增效增收

一、基本情况

萨迦县隶属于西藏自治区日喀则市，地处雅鲁藏布江南岸，总面积8126平方公里，耕地面积11.4万亩。近年来，萨迦县依托牲畜"四大改良"，大力发展肉牛、肉羊产业，壮大牦牛和黄牛产业，稳定绵羊、山羊存栏量，牲畜改良工作取得实质性成效。截至2023年底，牲畜改良总体数量达到23.8万头（只），黄牛、牦牛、绵羊、山羊等牲畜改良率均达到100%，畜牧业总产值达到4.7亿元。

二、主要做法

（一）**立足县情，引优培强，加快牲畜改良步伐**。萨迦县本着因地制宜、分类指导的原则，把改良当地牲畜品种作为主攻方向，从2004年起，先后争取上级扶持资金933万元，引进优质种牛1405头、半细毛羊3324只、白绒山羊1892只、种牦牛76头，对全县11个乡镇108个行政村全面开展牲畜"四大改良"工作。截至2024年6月，全县改良后的优质黄牛存栏达到24959头、优质绵羊存栏达到129127只、优质白绒山羊存栏达到77969只、优质牦牛存栏6058头，良种覆盖率均达到100%，实现村村有良种、家家有良畜的良好局面。

（二）**科学引导，全面宣传，提升群众改良积极性**。组织专家人才赴全县108个行政村，用通俗易懂的语言细致讲解牲畜改良所产生的经济效益，激发农牧民群众科学饲养、养殖优畜的热情。2017—2023年，组织全县11个乡镇村"两委"班子成员、养殖大户、乡村兽医、科技特派员和农牧民群众开展科学养殖技能培训，通过动物防疫、科学饲养等知识的宣传普及，有效提高农牧民群众的科学养殖意识和动物疫病防控水平。

（三）注重科技，强化跟踪，严格落实改良包片责任制。将项目任务分解到户、优良畜种供应到户、饲养管理责任到户，确保良种管理和良种繁育任务得到有效落实。严格落实畜种改良技术人员分区包片责任制，安排县级技术包乡人员7人、乡级包村人员45人，实现村级防疫人员全覆盖。指导村级制定详细的改良方案和技术路线，全面推广人工授精和冻配技术，确保改良工作取得实效。

（四）明确目标，压实责任，建立健全改良工作机制。先后印发《关于做好畜种改良工作的通知》《萨迦县关于进一步做好牲畜"四大改良"工作方案的通知》《关于做好牲畜"四大改良"工作的紧急通知》，明晰各乡镇、村责任任务。制定印发《萨迦县畜种改良工作责任书》，明确工作责任。将种畜管理制度纳入村规民约，形成全民推动牲畜改良工作的良好局面。建立工作奖惩制度，每年对有新生犊牛的农户奖励资金15～40元，对黄牛冻配成功的奖励资金40～60元，对超额完成绵羊改良配种的每只绵羊奖励资金7元，对工作推进良好的乡镇、村居以及防疫工作人员进行嘉奖，2023年共发放奖励资金31.85万元。

（五）草业先行，种养结合，大力推进畜牧循环经济。为全面保障牲畜饲草有效供应，设立饲草产业工作专班，全面推动饲草产业健康发展。全县落实优质饲草种植面积5万亩以上，其中集中连片种植面积达到3.2万亩，房前屋后种植面积1.8万亩。通过合作招商引资流转土地种植饲草1.47万亩，村集体种植饲草2.1万亩，农户房前屋后种植饲草1.82万亩，建立饲草良种繁育基地0.29万亩。为打通饲草销售市场，推行企业+合作社模式，由企业负责对接市场、打通销售渠道，合作社负责钻研单产提升，确保了年初有订单、年底有销路。2023年，全县饲草产量达到1.5万吨以上、产值实现4000万元以上。

三、工作成效

（一）牲畜良种覆盖率明显提高。截至2023年底，全县改良后的优质黄牛存栏24959头、绵羊129127只、白绒山羊77969只、牦牛6058头，良种覆盖率均达到100%，基本实现牲畜改良全县同步推进的良好局面。

（二）畜产品产量稳步提升。2023年全县改良后的奶牛日均产奶量达25.5斤，比2022年增加1.5斤，比当地原始品种奶牛产奶量提高4倍以上；改良山羊年均产绒0.37斤，比当地山羊多产0.2斤；改良半细毛羊年均产毛量3.9斤，比当地绵羊多产2斤；改良后的牦牛产肉均达306斤，比当地同龄牦牛多产72斤。

（三）农牧民群众收入显著增加。2023年，全县畜产品总值达到4.66亿元，纯收入达3.16亿元。2009—2023年先后向桑珠孜区等16个兄弟县（区）和昌都市江达县推广优质母牛945头、收入495万元，推广种公牛1016头、收入466万元，推广白绒山羊种公羊22155只、收入2176万元，推广半细毛种羊供种4481只、收入538万元，累计实现收入3675万元。

甘肃省兰州市榆中县
质量监管增效益
打造高原夏菜保供提质新高地

一、基本情况

榆中县隶属于甘肃省兰州市，地处兰州市东郊，总面积3302平方公里，耕地面积122.48万亩，海拔1480～3670米，属温带半干旱气候，是兰州高原夏菜的发源地和主产区。经过多年发展，高原夏菜产业已成为榆中县农业增效、农民增收的主导产业，榆中县也成为西北主要的"北菜南运、西菜东调"高原夏菜交易集散中心。2023年，全县高原夏菜种植面积达到39.5万亩，总产量达到89.6万吨，实现全产业链产值86亿元，占全县农业总产值的51%。

二、主要做法

（一）**组织领导**。成立由县政府主要领导为组长，分管副县长为副组长，有关部门主要负责人为成员的高原夏菜现代农业产业园建设领导小组。成立专家技术指导组，建立健全横向到边、纵向到底的网格化监管体系，市县财政全力保障全县231名村级协管员经费，切实解决农产品质量安全监管"最后一公里"问题。通过启用"网格化监管协管日志App"，有力调动村级协管员工作积极性，全县165家农业生产投入品生产经营企业在巡查监督下有序运营，从根本上保障了全县农产品质量安全。

（二）**政策支持**。引导支持各类农业生产经营主体申请认证农产品，通过加强证后监管、跟踪服务和标准化生产，不断提高农产品的质量效益和品牌影响力。积极争取省市财政奖补资金和亚行贷款项目支持，2019—2022年累计争取亚行贷款项目奖补资金120余万元，支持认证235个农产品"三品一标"，其中绿色食品、有机食品及地理标志农产品占70%以上。

（三）科技引领。成立榆中高原夏菜产业化联盟和兰州高原夏菜产业发展技术研究院，着力解决制约高原夏菜产业发展的关键技术难题和质量保证，为生产经营主体提供全方位的科技服务。建成县、乡、村（基地、企业）三级农产品追溯检测示范点88个，2021—2023年完成种植业产品样品快速检测32.88万个、县监测站定量检测500个、监督抽检样品932个，抽检合格率达到100%。开具食用农产品承诺达标合格证46.3万余张，附带合格证上市农产品58.4万吨，食用农产品例行监测合格率达到98.7%以上。

（四）推进品牌培育。鼓励企业参加"农交会""绿博会""农博会""世博会""有机博览会""地标农产品专展"等各类国家级展销会，认定粤港澳

大湾区"菜篮子"备案基地4个。通过抓品牌促提升行动,有力提升农产品品牌影响力和市场竞争力。

三、取得成效

(一)培优高原夏菜品种。健全完善新品种示范推广机制,建成高原夏菜新品种引种试验示范基地5处,累计引进新品种3000多个,筛选推广青梗松花菜、青花菜、特色叶菜等高原夏菜新品种189个,成功培育畅销高原夏菜20多个种类、200多个品种。

(二)打造高原夏菜品牌。"榆中莲花菜""榆中大白菜""榆中菜花"三个优势品种被认证为全国地理标志农产品,"榆中花椰菜""榆中甘蓝""榆中莴笋""榆中芹菜"等4个农产品获"全国名特优新农产品证书"。

(三)提升高原夏菜品质。加强高原夏菜全程用药调查评估,促进农产品量丰质优,确保农业生产和生态环境安全。科学引进应用生物农药、物理防控、有机肥替代减少化肥,创建一批"企业+基地+农户"的高原夏菜绿色、高质、高效标准化生产示范基地。全县绿色防控面积达10万亩以上。

(四)推进标准化生产。制定高原夏菜地方标准、地理标志农产品团体标准,确保生产操作按标进行。总结推广2～3项高产高效、资源节约、环保生态的高原夏菜绿色生产技术新模式。推广适合榆中区域的小型智能机械,初步形成高原夏菜标准化生产技术推广应用、社会化服务跟进、良种良法配套、农机农艺融合的现代农业发展新格局。

塑强品牌提质量 环县羊羔引领味蕾新风尚

一、基本情况

环县隶属于甘肃省庆阳市，地处黄土高原丘陵沟壑区农牧交错带，是甘肃省传统的半农半牧县、草牧业生产大县。全县总面积9236平方公里，耕地面积389万亩，常年稳定种植玉米、高粱、豆类等秸秆作物200万亩以上，有天然牧草地760万亩、紫花苜蓿留存面积100万亩以上，发展规模种植业和草羊产业有得天独厚的优势。近年来，环县立足资源禀赋，坚持以草羊产业为主导，以"环县羊羔肉"为主打品牌，到2023年底，全县羊只饲养量达到369万只，养羊农户人均来自羊产业收入突破8000元，"环县羊羔肉"品牌价值达到53.5亿元。

二、主要做法

（一）**加强政策扶持，助推品牌推广**。依托羊产业发展领导小组，定期调度研判，先后出台羊产业扶持政策60多项，为"环县羊羔肉"品牌创建及推广提供有力支撑。成立"环县羊羔肉"品牌建设工作专班，每年财政专项列支2000万元。制定发布《环县羊羔肉团体标准》，对环县羊羔肉的检验方法、检验规则、标识、包装、贮存和运输等进行严格要求。环县坚持走"三羊开泰、共发羊财"的绿色发展之路，打造"中国羊谷·善美环州"地域标签，有效保障特色产品质量，促进特色产业结构升级与转变，推动环县羊羔肉标准化、品牌化发展。

（二）强化科技支撑，引领品牌腾飞。依托庆环公司，聚合国内外百名高端人才组建国际、国内、地方"三支团队"，开展"中环肉羊"新品种培育，示范推广二元杂交、标准化育肥等新技术，带动羊羔肉集团、牧康公司等11家社企选育良种，年产优质父本种羊1万只、纯繁选育湖羊基础母羊12万只以上。加快羊业科技创新和成果转化，引领"环县羊羔肉"品牌从量变到质变。

（三）坚持多措并举，培育品牌多元体。始终坚持政府引导、市场主导鲜明导向，着力构建起"龙头企业+合作社+专业乡+专业村+专业户"的多元经营体系。先后培育草羊业产业化龙头企业10家，其中亿元以上2家，累计屠宰肉羊174万只，发展养殖专业合作社368家，创建养羊专业乡8个、专业村46个，建成标准化羊棚2万座、草棚1.24万座，培育湖羊养殖专业户1.5万户，养羊农户达到4.8万户，带动农村居民人均可支配收入稳步增长。

（四）线上线下合力，拓展品牌市场。依托电商产业发展，助力环乡人电商产业有限公司先后在"拼多多""京东""淘宝"多个网购平台开设店铺，积极利用天津东西部协作对接会、福州海峡两岸经贸会、兰洽会、博鳌亚洲论坛等重大节会，进一步打响"环县羊羔肉"知名度，销售额实现稳中有升。环县充分利用线上销售平台，培育陇上刘叔叔、中盛环有等电商销售企业18家，全县羊肉及羊副产品网络销售额突破10亿元。开发法式小切等羊肉冷鲜产品80多种，产品畅销全国30个省份。出口阿联酋等国家，累计出口羊肉1600多吨，创汇1亿元以上。

（五）坚持综合施策，发挥品牌效能。推进环县羊羔肉品牌十大宣传活动，"环县羊羔肉"号高铁冠名运行，《中国地理标志农产品丛书·环县羊羔肉卷》成书，制作发布"羊歌"2首、各类宣传片5部，国家级、省级权威媒体报道环县羊产业上千次，"环县羊羔肉"作为"甘味"系列十大地方公用精品品牌亮相央视，"中国羊谷·善美环州"入选天安门"辉煌的中国"主题展，联合浙江大学、甘肃农业大学、《中国畜牧兽医报》等高校、媒体，成功举办全国性羊产业高峰论坛2次，举办羊肉美食品鉴活动、中国首届羊肉美食大赛、羊肉产品交易大会和西北民歌大赛等各类大型活动30多场次。

三、工作成效

（一）品牌效应日益彰显。通过宣传推介，环县羊羔肉品牌荣登全国十佳羊肉品牌、全国绿色农业十佳畜牧地标品牌、世界地理标志品牌分销服务大会示范品牌、中国农业博鳌论坛上榜品牌，荣获中国畜牧地理标志区域公用品牌保护奖，入选《甘味农产品品牌目录》，成为国家队运动员备战保障产品、第31届世界大学生夏季运动会专供产品，带动羊肉产品平均溢价20%，品牌创建和产业发展模式吸引10余个省份55个市（县）前来考察学习，2023年环县被评为全国羊肉"课代表"。

（二）科技培优成效显著。坚持以羊业科技为牵引，取得国家实用新型专利10项，在分子育种、生物育种等国际前沿领域实现阶段性突破，"中环肉羊"新品种培育进入横交固定阶段。腹腔镜人工授精、良种胚胎移植、肉羊品种选育、双羔基因鉴定、快速直线育肥等高效生产技术得以有效推广，实现生产效率提升30%、质量提升35%、经济效益提升20%、生产成本降低20%的"三提升一降低",全县良种化率达到85%以上。

（三）品牌市场反响良好。创建饲草、营养、防疫、育肥、加工、质量"六大标准体系"，冷鲜产品、预制菜品等统一采用无菌处理包装、一鲜到底配送方式，保证从生产到餐桌的品质与安全。据中国农业科学院农产品加工研究所测定，"环县羊羔肉"蛋白质、脂肪、氨基酸含量分别为21.87%、3.28%、18.87%，富含人体必需的10多种矿物质，具有良好的滋补保健功效，深受消费者青睐。

青海省海东市互助土族自治县
优品种　提产能　油菜花开金满地

一、基本情况

互助土族自治县隶属于青海省海东市，位于青海省东北部，地处世界四大超净区之一的青藏高原。县内平均海拔2700米，年平均气温4.5℃，耕地面积约93万亩，适宜发展油菜、马铃薯等冷凉蔬菜为主的高原特色现代农业。近年来，互助土族自治县以打造绿色有机农畜产品输出地为抓手，打造"七彩农业"名片，突出杂交春油菜制种、规模化标准化生产、全产业链开发。2023年，以油菜为优势特色主导产业的全产业链年产值达23亿元，通过劳动务工、农户+新型经营主体、土地流转、产品销售等方式带动全县12万人，年人均

161

增收9000元。

二、主要做法

（一）**组织领导明方向**。成立由县委、县政府主要领导任双组长的农业农村工作领导小组，全面负责制定农业产业发展政策，组织领导和综合协调总体发展建设工作。坚持把提升农业质量效益、促进农民增收作为考核的重要内容，形成一级抓一级、层层抓落实的机制。

（二）**政策支持添动力**。制定出台《互助土族自治县油菜产业发展规划》《互助土族自治县制种业产业发展规划》等系列产业行动方案及规划，从政策、项目等方面给予大力支持。集聚资源要素，打造产业发展大基地、大平台、大品牌，先后获得国家现代农业产业国、国家级制种大县等一批国字号荣誉，为油菜产业发展提供强劲动力。

（三）**产业融合拓渠道**。按照油菜产业全产业链开发、全价值链提升发展思路，以打造全省特色优势突出、一二三产紧密融合、链条结构合理的油菜产业集群为目标，紧紧围绕生产基地建设、现代种业提升、产品开发加工、产业经营组织，推动油菜产业实现标准化种植、储藏、加工、流通、销售一体化融合发展。大力发展产地初加工产业，农产品保鲜、预冷、清洗等设施不断完善，入市品级显著提高。提档升级卓扎滩、油嘴湾等乡村旅游景区，大力发展生态田园游。

（四）**协作交流促转化**。加强与科研院所合作交流，成功组建海东市第一个院士工作站，引进培育农作物新品种80个，"青杂"系列杂交油菜在蒙古、俄罗斯等国推广种植，是国内在国际大面积推广的杂交油菜品种。特聘中国农业科学院王汉中院士为全县农业发展首席顾问，争取国家种业"北繁高地"核心区项目落户。同时，按照"一个产业一名专家、引入一个人才团队、培育一支本土人才队伍、提升发展一个产业"的思路，组建7支专家团队，积极推广农作物优势品种。

（五）**培育主体增效益**。互助土族自治县将油菜全产业链及重点企业政

策纳入产业提升行动，坚持"育繁推"一体化发展方向，大力实施"县企共建"模式，以县农业农村部门和科技局为责任单位，与县内重点企业建立联系，通过整合资金、项目扶持，累计投入资金8500余万元，支持企业统筹基地建设、制种基地和新品种科技实验示范区建设、现代化种子生产加工设施建设、油脂及蜂蜜加工生产线建设。

三、工作成效

（一）**品种培优强基础**。引育"青杂"系列及"互丰"系列等优质杂交油菜品种22个，推广面积达36万亩，占全县油菜播种面积的95%以上，油菜杂交化率达100%。年建设杂交油菜制种基地2万亩以上，生产的种子供向全省及内蒙古、新疆、甘肃、四川、河北等春油菜和部分冬油菜区，"青杂"系列杂交油菜在蒙古、俄罗斯等国推广种植，成为全国第一个在国外大面积推广的杂交油菜品种，年供种面积超500万亩，杂交春油菜制种基地规模大，春油菜供种占全国的85%。

（二）品质提升强筋骨。坚持质量兴农、绿色兴农，积极改善生态环境，降低农业面源污染，全县推广化肥农药减量增效示范田40万亩，高效低毒农药普及率达到100%、测土配方施肥技术覆盖率达到100%，化肥、农药使用量分别比2018年减少40%、30%。新品种良种平均增产率提高10%。

（三）品牌打造靓名片。以实施农业发展"七大行动"为抓手，着力打造"七彩农业"品牌，认证绿色食品10个、有机食品3个、农产品地理标志9个，"三品一标"农产品占有率达60%。"互丰"种子、"汉尧"菜籽油等品牌区位优势鲜明，成功登记"七彩农业"Logo，8大类商标完成注册。

（四）标准化生产提效率。制种基地智能水肥一体化、种业管理数据化智能化提升基地"五化"水平。相比传统的灌溉施肥方式，水肥一体化灌溉节水、节肥，实现精确施肥，比常规施肥节省30%～50%，比常规打药节省35%～60%，节省劳动力30%。

宁夏回族自治区固原市泾源县
培育优良品种　筑牢质量基石
生态泾源"牛"味十足

一、基本情况

泾源县隶属于宁夏回族自治区固原市，地处六盘山腹地，常住人口8.5万人，其中农业人口占90％，土地总面积1131平方公里，耕地总面积11.85万亩。近年来，泾源县立足"生态泾源、绿色发展"定位，按照"夯基础、扩规模、延链条、强品牌、拓市场"的思路，坚持将农业生产和农产品双"三品一标"贯穿肉牛产业全链，探索出一条富有地方特色的经济发展之路，肉牛产业成为巩固拓展脱贫攻坚成果和助农增收的支柱产业。2023年，全县肉牛饲养量达到12万头，牛肉产量1万余吨，畜牧业产值3.69亿元、增长6.3％，人均牧业收入2690.9元。

二、主要做法

（一）**强化领导压责任，提质保障牵动力。**由县委、县政府主要领导亲自挂帅，成立肉牛产业发展工作专班，高位谋划指导全县肉牛产业发展、重点项目落实及招商对接活动，推行"8+N"会商机制，及时解决产业发展中各类重大事项，统筹调动整合各相关部门人力、物力、财力，把责任链、政策链、聚力链等优势资源要素靠实到肉牛产业上。实行县级领导包片负责制，各相关部门齐抓共管、协同联动抓落实，形成全县上下"一盘棋"共同推进的工作局面。

（二）高位谋划定思路，完善政策增动能。对标区、市产业政策，立足实际、放眼长远，高标准系统制定《泾源县建设全区特色产业绿色发展示范县实施方案》《泾源县肉牛产业"十四五"发展规划（2021—2025年）》《泾源县肉牛全产业链高质量发展实施意见》《泾源县特色产业发展提质增效行动方案》等中长期产业发展方案、规划和意见，结合年度重点工作，在饲草保障、保母扩栏、品牌营销等环节上提供全方位政策保障，有效提振养殖主体发展信心。

（三）筑牢基础强根基，扩大规模促发展。通过"政府强力推动、养殖园区拉动、营销大户带动、养殖协会联动、群众积极主动、科技服务促动"，培育万头肉牛养殖乡镇4个、千头示范村25个，建设百头以上规模养殖场60家、"50"模式家庭农场48家（肉牛存栏50头以上，且基础母牛存栏10头以上），成立肉牛养殖合作社及协会100多家。建成标准化暖棚牛舍50万平方米、青贮池10万立方米，年种植优质玉米12.5万亩、加工饲草25万吨，形成"大户带全村、园区带全乡、龙头带全县、全县成集群"的发展格局。

（四）严格标准强管理，保障质量提品质。严格执行《泾源黄牛肉养殖标准》《泾源县黄牛肉农产品地理标志质量控制技术规范》和"良好农业规范（GAP）"等管控措施，建立《泾源县肉牛产业发展实施管理办法》《泾源县地理标志农产品品牌示范店评选办法》等制度，建设农产品质量安全监管平台，推行"检测＋追溯＋合格证"监测管理模式，强化全程可追溯管理，有效保障泾源黄牛肉质量安全。

（五）联结机制强发展，促民增收助振兴。坚持多主体参与、多业态打造、多利益联结，推行"企、社、园"联企带农利益连接机制，设立乡村振兴贷款风险补偿基金和乡村振兴融资担保基金，实施"百企联百村带千户"工程，建立"联农带农企业名录库"，打造"企业＋基地＋农户＋市场"的产业发展格局，有效助推产业扩量增质、扩链增效、扩市增收，泾源肉牛已成为乡村振兴特色支柱产业。

培育优良品种　筑牢质量基石　生态泾源"牛"味十足

三、工作成效

（一）**品种优势明显**。坚持走安格斯牛纯种繁育和西门塔尔改良两条路线，从国外引进纯种安格斯基础母牛2万余头，建成安格斯基础母牛核心群繁育场3个、村级防疫改良室35个，组建肉牛改良员队伍1支38人，肉牛良种化率达到95%以上。

（二）**加工能力提升**。建成牛肉精深加工企业9家、牛肉精细分割包装销售企业1家、牛肉分级包装销售店20多家，年屠宰分割肉牛1.2万头，开发出速冻肉、精分割、酱卤肉、休闲食品、火锅食材、西式牛排6大类30余个品种，实现牛肉中高端产品全覆盖。

（三）**营销网络健全**。在全国开设"泾源黄牛肉"销售店近100家，依托"互联网＋新媒体"，在抖音、快手等电商平台上线销售"泾源黄牛肉"系列产品，与小杨烤肉、上海西鲜计等企业建立合作关系，产品销往20多个省区。

（四）**品牌优势凸显**。实施"泾源黄牛肉"地理标志农产品保护工程和"泾源黄牛肉"品牌培育项目，6家企业荣获"农业良好规范（GAP）"认证，4家企业产品跻身全国特质农品，10家企业被录入全国名特优新农产品，"泾源黄牛肉"品牌价值达33.22亿元。

（五）**利益联结紧密**。制定《百企联百村带千户实施方案》，创新"三资变股""四轮驱动"模式，优化金融保险产品供给，企业、合作社、村集体、农户等参与主体的各项权益得到有效保障。

新疆维吾尔自治区昌吉回族自治州木垒哈萨克自治县

科技创新　全链发展　打造木垒富民"金豆"

一、基本情况

木垒哈萨克自治县隶属于新疆维吾尔自治区昌吉回族自治州，位于天山北麓，准噶尔盆地东南缘，年平均气温5～6℃，耕地面积78.4万亩。木垒哈萨克自治县是"中国鹰嘴豆之乡"。多年来，该县通过大力发展优势特色产业，实施农业生产"三品一标"提升行动，创建集鹰嘴豆种植、精深加工、科技研发、生态观光等多功能为一体的综合性现代农业产业园，鹰嘴豆全产业链步入快速发展道路。2023年，该县鹰嘴豆播种面积达7.6万亩，占全国鹰嘴豆种植面积的83%，全产业链产值达7.4亿元。

二、主要做法

（一）加强组织领导，健全推进机制。县委、县政府高度重视打造鹰嘴豆特色产业，出台《鹰嘴豆产业促进条例》，制定鹰嘴豆产业发展政策，统筹农业农村、发展改革、自然资源、科学技术等部门，建立健全统一领导、分级负责、协调联动的鹰嘴豆产业发展协调机制，分工协作，合力推进鹰嘴豆产业高质量发展。

（二）强化政策扶持，统筹产业发展。印发《关于进一步加快鹰嘴豆产业发展的若干意见》，调优种植结构，大力扶持鹰嘴豆产业发展，提高农民种植积极性。出台《鹰嘴豆产业发展实施方案》《鹰嘴豆自治州级现代农业产业园建设规划（2023—2025)》，细化鹰嘴豆产业发展的目标方向、产业布局和重点任务，实施全国地理标志农产品登记保护工程、产业强镇等项目，聚力打造以鹰嘴豆特色产品为重点，种植、收购、加工、销售、科研为一体的现代化农业生产经营模式，提升全产业链发展水平。

（三）坚持科技引领，强化研发创新。推进鹰嘴豆"五统一"精播机种植模式，推进病虫害综合防控、机械化全程作业等技术集成示范应用，组织县乡两级技术人员全程跟踪指导服务，及时解决生产中的问题，提高鹰嘴豆种植水平。加大产学研合作，与农业科学院、安利集团联合打造高蛋白鹰嘴豆有机种植基地项目，引进"木鹰1号""科鹰1号"等鹰嘴豆优良品种5个，建设制种基地400亩、示范推广基地5000亩，促进鹰嘴豆种植良种化。与南京机械研究所和湖北双星达农机厂，联合试点研制鹰嘴豆专用收割机，相比其他收获机籽粒破损率、含杂率、损失率均降至5%以下，节省综合劳动力30%以上，每亩降低人工成本30元。

（四）加大主体培育，推进产业升级。健全完善"龙头企业＋合作社＋农户＋基地"的产业化经营模式，培育壮大新疆天山奇豆生物科技有限责任公司、木垒县鹰哥生物科技有限公司2家加工企业，带动引领龙头企业、专业合作社、家庭农场、新型农业生产经营主体和服务主体达到18家。新疆天山奇豆生物科技有限责任公司被自治区农业农村厅认定为2023年度自治区农业产业化重点龙头企业。促进企业与多家科研院所合作，加强优良品种培育推广和新产品研发，建成国内唯一的鹰嘴豆良种繁育基地、自治区级鹰嘴豆工程技术研发中心。支持企业持续加大工艺设备更新及新产品的开发，提升鹰嘴豆系列产品生产、加工、销售等，延伸产业链条，增加产品附加值。

三、工作成效

（一）高产良种栽培水平不断提高。该县得天独厚的地缘优势，有利于新品种引进栽培。经多年发展，引进的"木鹰1号""科鹰1号"等品种比常规用种增产18%以上。进一步改善土壤结构，通过轮作倒茬，实现小麦、鹰嘴豆产量双增产。2023年鹰嘴豆单产达80.9公斤/亩。目前，该县已成为全国鹰嘴豆主要种植基地，鹰嘴豆也成为农民增收致富的"金豆豆"。

（二）绿色有机品质不断提升。该县鹰嘴豆种于山丘陵旱地，产量高、营养丰富、品质好、色泽正，且不施农药化学肥料，无农药残留。近年来，辖区内企业先后研发生产鹰嘴豆酥、鹰嘴豆挂面等4大系列30个鹰嘴豆产品，获得发明专利6项、实用新型专利15项，自治区新产品鉴定2项，绿色认证8个，品质得到有效提升。

（三）品牌影响力不断扩大。先后培育鹰哥、天山奇豆、沃鑫、垒康源等鹰嘴豆本土知名品牌。鹰哥、天山奇豆等系列产品入驻京东、淘宝、抖音等平台销售，线上销售占比60%。邀请贺娇龙及其团队，拍摄木垒鹰嘴豆小视频，通过广播电台、抖音平台、主流媒体宣传鹰嘴豆品牌。发挥援疆机制，主动开拓疆内外市场，鹰嘴豆登上广州"丝路明珠·昌农优品"等农产品展示推介会，深受消费者喜爱。乌鲁木齐、昌吉官方旗舰店开业，服务和供给全国各地消费者。鹰嘴豆粉、香酥鹰嘴豆等产品远销巴基斯坦、印度等国家。

（四）标准化生产体系日趋完善。建立健全鹰嘴豆质量安全监管体系，对生产、加工、销售等环节进行严格监管，加强鹰嘴豆产品检验检测，确保产品符合国家标准和相关规定，确保产品质量安全。引导企业制定鹰嘴豆产地环境、品种种质、产品加工、储运保鲜、包装标识等相关标准，建立健全鹰嘴豆标准化生产体系。严厉打击生产、销售假冒伪劣鹰嘴豆产品的违法行为，维护市场秩序，保护消费者权益。鹰嘴豆全产业链标准化生产体系不断完善。

新疆生产建设兵团第十师183团
产业援疆 协同发力
打造鲜食玉米"黄金名片"

一、基本情况

新疆生产建设兵团第十师183团地处阿勒泰地区福海县，主要位于额尔齐斯河南岸，属大陆性干旱荒漠气候类型，是优质粮油作物和瓜类作物的主要产区。近年来，该团场依托援疆项目建设的基础设施和得天独厚的地理优势，鼓励和引导职工发展鲜食玉米特色产业，种植面积达到1.1万亩，生产加工销售鲜食玉米2900万穗，实现产值超过7300万元。

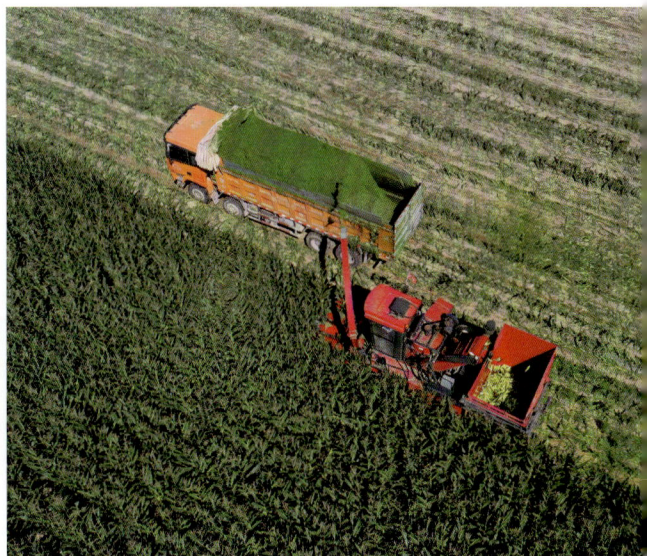

二、主要做法

（一）**产业援疆方向清晰，产业布局精准。**2021—2023年，投入援疆资金1.6亿元，以打造鲜食玉米产业为主，建设鲜食玉米加工厂房设施、生产线、冷库等基础设施。利用鲜食玉米副产品加工青贮饲料，为畜牧业提供优质饲料，实现本区域鲜食玉米大规模生产加工零的突破。2023年，带动引领本区域种植面积超过2万亩。支持当地企业引进加工鲜食玉米优良新品种，围绕水肥一体化、病虫害综合防控、玉米收获、农产品质量安全控制开展关键技术研发，为产业发展提供技术支撑。

（二）**生产技术标准规范，产品品质有保证。**种植、生产、加工、销售和管理等体系日趋成熟，产生"1+1>2"的叠加效应。根据品种特性和市场需求，选育合适的鲜食玉米种植品种，已形成一整套生产加工模式。犁地、整地、播种、中耕、收获等环节实现全程机械化。测土配方、隔离种植、采摘收获、加工保鲜速冻、包装运输等每个环节都建立生产标准，构建"市场需求引领+订单生产+多渠道销售"的产业化链条。对部分种植基地开展有机认证，打造高端品牌。推广应用标准化生产技术规范，提高产品品质，带动北疆地区加工鲜食玉米优质高效生产和加工基地的建设。

（三）**立足品牌农业建设，提升产品价值。**通过持续打造"龙疆金谷"品牌，在线上渠道成为新疆区域销量最大的鲜食玉米产品，线下渠道进入华润万家、九鼎市场等商超。对部分种植基地开展有机认证，打造高端品牌，形成高中低端产品差异化发展体系。同时，为解决物流快递成本过高难题，团场支持新疆龙疆金谷农产科技融合发展公司在乌鲁木齐建立前置仓。北屯183鲜食玉米订单量达到500万穗，品牌影响力进一步提升。

（四）**以鲜食玉米产业为抓手带动兵地融合发展。**以市场为导向，逐年扩大鲜食玉米种植面积，提高产品品质。瞄准土壤肥力好、水利条件优、连片面积大的种植优势，运营公司与团场职工群众签订鲜食玉米种植合同，全程为农户提供技术指导、测产测熟等服务，统一标准、统一技术、统一防

控、统一加工、统一品牌，构建起"市场需求引领＋订单生产＋多渠道销售"的产业化链条。2023年，收购彩糯玉米14万穗、代加工1万穗。积极探索场地融合方式，发展地方鲜食玉米产业，带动村民增收。

三、工作成效

（一）**绿色生态品质优**。183团属大陆性干旱气候区，光照充足，热量丰富，夏季炎热，积温高，无霜期长，昼夜温差大，降雨稀少，蒸发量大，十分适宜水果与蔬菜的生长，是优质粮油作物和瓜类作物的主要产区。由此生产的加工鲜食玉米品质好，生产黄糯玉米营养成分较内地糖度高0.5，口感更好。

（二）**富民增收效益高**。2021—2023年，团场种植鲜食玉米亩均产值2650元、利润在1000元以上。鲜食玉米产业拉动就业超过600余人次，促进职工增收超1500万元。

（三）**市场认可品牌响**。借助"外脑"策划品牌，推动建立本区域鲜食玉米公共品牌，打造"龙疆金谷""一八三""龙疆礼物"等品牌，通过多措并举开展线上线下公共品牌和产品品牌联合营销，提升品牌影响力和溢价。183团鲜食玉米现以品质好、复购率高在鲜食玉米圈中闻名，成为新疆鲜食玉米中的"黄金名片"。

新疆生产建设兵团第三师54团
推进油莎豆标准化生产
开辟南疆绿色循环新路径

一、基本情况

新疆生产建设兵团第三师54团地处昆仑山北麓、塔克拉玛干沙漠南沿，常年缺水，年均有40余场风沙。近年来，第三师54团向沙漠腹地推进数公里，发展种植油莎豆，种植面积稳定在1.6万亩左右，已成为国内油莎豆单体种植面积最大的基地。油莎豆产业产值达1.4亿元，占农业总产值80%以上。

二、主要做法

（一）**创新轮作，改善荒漠生态环境**。成立油莎豆产业联合研究院，由10所国内高校和科研院所选拔的科研人员90人组成，通过院企合作模式，明确八大攻关课题，为油莎豆产业发展保驾护航，探索形成"油莎豆+冬小麦"两年三熟模式，结合高效节水和干播湿出技术推广，在油莎豆亩用水量不足350立方米的前提下，实现粮油双丰收，有效保障粮油安全。

（二）**一亩多产，助力畜牧业绿色发展**。油莎豆植株的鲜润茎叶营养丰富，利用价值高。每亩油莎豆可产干草350公斤，每亩小麦可产干草300公斤，经过与其他秸秆揉捻、粉碎、混合以及发酵等过程，是畜禽上好的饲料，油莎豆+小麦组合，可为南疆地区畜牧业发展提供充足饲草来源，不仅可以缓解南疆地区畜牧业发展的瓶颈问题，也探索出一条畜牧业+种植业绿色循环发展新路径。

（三）**技术服务，狠抓农业标准化生产**。研究编制《油莎豆高产栽培技术手册》。实施1.6万亩良种繁育基地建设，在种子精选、水肥运筹等关键环节上执行统一标准，狠抓技术措施的时效性和到位率，现培育XD-30、XD-10、24-Q1、24-Q2等优质良种，采用不覆地膜、等行距露地播种，有效避免土地污染，方便采收。

（四）**培育主体，新型经营主体促发展**。积极培育新疆三礼粮油有限责任公司、中顺农业有限公司等龙头企业，申报兵团级示范合作社1个，发展师市级示范合作社2个。统筹用好国家级、兵团级农业产业融合发展项目资金，指导推动各类新型农业经营主体按标生产。54团已培育师市级龙头企业2家、合作社26家，带动职工群众559人，人均增收3.8万元。

（五）加强质量监管，推动行业绿色发展。按照"产地清洁、生产绿色、全程贯标、品质优良"等评价标准，严把农产品质量安全关，下发农药使用、禁用标准名录，每年开展4次检查，督导农业投入品的生产者、经营者、使用者按照国家规定标准执行，加大农产品质量追溯验证资料审核把关，确保油莎豆质量安全得到保障。推广测土配方施肥和机械化深施肥技术，实现节本增效。2003年，农用地化肥利用率达到85%，农产品质量安全合格率100%。

三、工作成效

（一）绿色循环产业链逐步形成。油莎豆亩产由2019年的200公斤，增加至2023年的亩产500公斤，高产示范田单产达到760公斤。54团以油莎豆为主导产业，已初步形成油莎豆种子繁育、高产栽培、机械装备制造、精深加工、饲料加工、种养结合、有机肥加工还田培肥地力的现代绿色生态循环产业链。

（二）生态环境得到有效改善。54团区域生态气候逐步发生变化，年降雨量由不足50毫米增至120毫米，生物多样性得到有效提升。每年11月初，上万只灰鹤迁徙到54团越冬。收获后的油莎豆还会有大量根茎留在土壤中，有效提高土壤有机质含量，改善土壤结构。2023年，沙漠土壤有机质含量提高0.4%。

（三）经济效益初步显现。油莎豆产业链创造就业岗位380余个，团镇人口从初期的553人扩大到2023年的5771人，经济总量从1093万元增加到1.88亿元。